Up Styling

Advance Technique & Chignon

II

two

TADAO ARAI

PREFACE

この本はサロンで使えるアップスタイルや技術力を向上させるデザインを、着物から普段のカジュアルなスタイル、さらにはクラシックなドレスまで、ファッションに合わせて、多数の創作デザインの中から厳選し、掲載してあります。できるだけ多くのヘアデザインを学んで、髪の毛を自在に操る技術を身につければ、ショート、ミディアム、ロングなどの長さの壁を突き破って、幅広く、無限のデザインを創り出すことが可能になると思います。

しかし、この本の中のヘアデザインをすぐそのままお客様に当てはめるのではなく、髪質や骨格などを考慮して、それなりに変化づけ、似合わせることが大切です。
まず最初は、テクニックのプロセスを見て、手順を覚え、次に何度も、反復練習する。
ただ、一～二度見ただけで上達する人はいません。多くの練習を積むことによって、必ずサロンでの営業に応用できるようになり、そして、一度目より二度目、二度目より三度目と、知らず知らずのうちにプロセスもクオリティもレベルアップしているのです。

それでも、美容の技術をマスターして、スタイルが作れるようになったからといって、満足してしまったら、その時点からは何の進歩もなくなってしまいます。
美容技術の習得は、楽しいことばかりでなく、つらく厳しい事の方が多いかもしれませんが、誤魔化しの効かないつらいことの中から生まれるからこそ、充実感や達成感を味わえ、そして、お客様の喜びを感じたとき、はじめてその重みが尊く感じるのです。

プロの美容師は、常にいろいろな角度から美しさを追求する姿勢が特に大切で、厳しく難しい条件でも、怯まずに立ち向かい、絶対に負けないと言う信念、自分に勝負する強い意志、それらは皆、美しさに執りつかれた人間･美容師にとっての"魂"そのものだと思います。

この本を通じて、皆さんと少しでも同じ時代に生きる美容師として、共通の何かを分かち合いたいと思います。

C O N T E N T S

2 PREFACE
3 CONTENTS
4 SPEED DESSIN

6 Color Image 1 [美容という芸術]

Advance Technique & Chignon (ウィッグ)

8 ワンポイント・トップ・バイヤスシニヨン(バイヤス・リバースシェープ)
10 ワンポイント・トップ・キューブシニヨン(リバースシェープ)
12 ワンポイント・トップ・ワイドシニヨン(ライジング・リバースシェープ)
14 ワンポイント・クラウン・シニヨン
16 ワンポイント・トップ・シニヨン(リバースシェープ)
18 ワンポイント・トップ・シニヨン(バイヤス・フォワードシェープ)
20 ワンポイント・トップ・シニヨン(ライジング・バイヤス・フォワードシェープ)
22 ワンポイント・トップ・クロスシニヨン
24 ワンポイント・トップ・クロスシニヨン(表面ブレイド、フォワードシェープ)
26 ツーポイント・トップ・シニヨン
28 ツーポイント・トップ・クラウン・シニヨン(リバースシェープ)
30 ツーポイント・トップ・クラウン・シニヨン(ライジング・リバースシェープ)
32 ワンポイント・ネープ・ツイストシニヨン
34 ワンポイント・ネープ・ループカール
36 ワンポイント・ネープ・ツイストシニヨン
38 ツーポイント・ネープ・カール
40 ワンポイント・トップ・ツイストシニヨン
42 スリーポイント・トップ・スクリューカール
44 ツーポイント・トップ・スクリューカール(フォワードシェープ)
46 ワンポイント・トップ・バルーンシニヨン
48 ワンポイント・トップ・ルーズカール
50 ノーノット・ムービング・ロールアップ
52 ムービング・ルーズ・カール
54 ムービング・ルーズ・カール
56 ムービング・ルーズ・インサイドロール
58 ツーポイント・トップ・カール
60 ツーポイント・トップ・サイド・カール
62 ワンポイント・トップ・カール
64 ワンポイント・トップ・ウエーブ
66 ワンポイント・クラウン・カール
68 フロント・ポンパドール
70 ワンポイント・トップ・ルーズカール(ツイストボトム)
72 タイトシェープ・ムーブウェーブカール
74 スクラブツイスト・ムービングカール
76 ワンポイント・トップ・ボリューム(バック・背合わせ)

78 Color Image 2 [デザインを創造する上で]

Advance Technique & Chignon (モデル)

80 フロント・サイド/フローライン・タイト・スリークシェープ、バック/ロールアップ
83 トップ/バイヤスシニヨン、フロント・サイド/タイトシェープ、バック/本夜会
86 フロント・サイド/タイトシェープ、
トップ・クラウン・ネープ/ワンポイントシニヨン(リバースシェープ・スクリューカール)
89 フロント・トップ/ボリュームロールシェープ、バック/ルーズカール・ウェーブ

92 Color Image 3 [ヘアデザインは"心"の表現だ]

94 トップ/ツイストループカール、サイド/タイトシェープ、バック/ツイストアップ
96 フロント・トップ/ソフト・ポンパドール、
バック/ルーズカール(分け取り系ボトム)
98 トップ/平面・変形ループカール、サイド/イレギュラータイトシェープ、
バック/ツイストアップ
100 フロント・サイド/フローライン・スリークシェープ、
バック/ツイストアップ(ひねり上げ)

102 Color Image 4 [幸せを創るスタイリング]

104 フロント・サイド/タイトシェープ、
トップ/ワンポイント・シニヨン(表面ライジング)、バック/重ね夜会
107 フロント・サイド/タイトシェープ、
トップ/クロスシニヨン、バック/4クロスアップ

110 Color Image 5 [人間の成長がデザインを成長させる]

112 フロント・トップ・クラウン/ボリュームカーブシェープ、
バック/平面ループカール
114 フロント・サイド・バック/ルーズムービングシェープ
116 フロント・サイド/ルーズムービングシェープ、バック/ルーズロール
119 フロント・サイド/ソフトカーブシェープ、バック/ルーズロール
122 フロント・サイド/フローライン・スリークシェープ、
バック/ランダムライン・シニヨン

124 Color Image 6 [豊かな心からはその心が見られている]

126 フロント・サイド/タイトシェープ、
トップ/ツーポイント・シニヨン(リバースシェープ・表面ライジング)、
バック/重ね夜会
129 フロント・サイド・トップ/分け取り系ボトム・スリーポイント・ループカール
132 フロント・トップ/ムービングウエーブカール、サイド/タイトシェープ、
バック/ツイストアップ
134 トップ・サイド/スクリューカール(リバースシェープ)、
フロント・ヘビーサイド・バック/タイトシェープ・一束
136 トップ/ボリューム・ライズフローライン、
フロント・サイド・バック/タイトボトム・ツイストフローライン

138 Color Image 7 [人生に携わる美容師]

140 フロント・サイド/ボリュームカーブシェープ、トップ/ワンポイントシニヨン、
クラウン/ルーズカール、バック/日本髪風一束
143 トップ・クラウン/ツーポイント・シニヨン(毛先カール)、
サイド/タイトシェープ(毛先カール)、バック/重ね夜会

146 Color Image 8 [万物を意識して理(ことわり)のあるデザインを創る]

148 フロント・トップ/ポンパドール風クロスムーブメント、
サイド/イレギュラータイトシェープ、バック/ツイストアップ(ひねり上げ)
150 フロント・サイド/ダウンシェープ、バック/ソフトツイスト
152 フロント・トップ・クラウン/ボリューム・フローライン・スリークシェープ、
バック/ロールシニヨン
154 フロント・トップ/ルーズカール、バック/重ね夜会
156 フロント・サイド/ツイストロープ、トップ/ツイストループカール、
バック/ひねり一束

いろいろなテクやアイテム

158 面を整える(手のひらでの面、コームでの面、面割れ直しテク)
159 ピニング(外止め、毛束を止める一連の動き、NGピニング)
160 ライジングテクニック(鋭角ライジング、表面ライジング)
161 コームの櫛歯密度の違いによる逆毛/毛束曲げゴム止め
162 ウイッグの抜け止め
162 美容用語
163 用具

164 Color Image 9 [瞬間に感じるDESIGN]

166 魂を揺すぶるBEAUTY
168 Profile

T. Arai

美容という芸術 1

芸術的なもの、人間の感性・感覚が生み出し、長い年月をかけて完成され、それらが積み重ねられたものに崇高の美しさを感じる。
それは、建築、彫刻、絵画、音楽、バレエなど、美容も含め人間の創作活動のすべてに共通するものがある。
たとえば、バイオリンが奏でる高音からチェロの低音の響き、ハープの柔らかな音色など、美しい音を出すにははかりしれない鍛錬が必要である。それは声楽もしかり、ソウル、オペラ等ジャンルはいろいろあるが歌声の透明感や人の心に響く音は、やはり鍛錬と才能と心がなければ美しいものは生まれないだろう。

しかしながら、その弦楽器そのものも人が創造したものである。
楽器は、演奏する人によって音色に違いが出るが、さらにその様々な音色を操った、心を打つ名曲もやはり人間によって作られているのだ。
楽譜が先か楽器が先かといえばおそらく楽譜や、音のイメージが先だろう。

音。　それは崇高なイメージを追いかけて引き継がれ、何百年の月日を越えてもさらに追い求められつづけることだろう。

バレリーナのしなやかな身体のライン、首筋から背中の美しい姿勢と力強さ、指先から感じる曲線のバランス、しっかりとした体の心があるところから、動から静への動きが創り出す美しさも、弛まない練習の成果であり芸術なのだ。
すぐに真似してできるはずもない。やはりそこには鍛錬と日々の継続があるわけで、創作に真摯に取り組む過程や、真剣に練習に励む姿にも、人を感動させるものが存在し、美しさを感じる。そしてさらに、完成された創作をしたときには格別の感動が感じられるのだろう。

それらの芸術的分野と美容も共通のものがある。特にアップスタイルのシニヨンを見ても、ソフトな質感からハードでタイトなものまで、多種多様で髪の毛の流れやフォルムが創り出すパワーをそこに感じる。あたかも楽譜のように一定のリズムや質感があり、バランスのとれたハーモニーが創り出す美を感じるのだ。

美容の技術も同様であり。練習を積み、継続し、才能を開花してはじめてオリジナリティーが出てくるのではないだろうか。

心がそのまま作風となって表れてくるのは、人の持つ“精”が感性を支配しているからだ。だからこそ、もっともっと追い求めて納得のいく表現力を身につけていきたい・・・。

バイヤス・リバースシェープ

ワンポイント・トップ・バイヤス・シニヨン

STYLING POINT

トップに斜めに作るシニヨンは、サイドビューのシルエットや、フロントビューの高さ、奥行き感を強調し、頭の形を補正することでもバランスの良いシニヨンになります。この場合、シニヨンがボトムから分離しないように毛流れやフォルムに気をつけて、立体感が感じられるようなバランスに仕上げます。また、シンプルな面の構成は、その面の持つ柔らかさや強さのバランスを変化させることによって、完成度が高くなります。やみくもに全てが同じ面では、デザインを引き立たせることができません。コームの面と、手で作る面を駆使して、変化をつけましょう。

シニヨンをデザインするときのポイント

シニヨンを作る場合の重要なポイントを簡単に言えば、顔の輪郭に合わせた大きさと、その形状、毛流れ、位置、全体の方向性と、質感です。欲を言えば、その量感や、力感、漂うムード、衣装やモデルの肌質、モデルの声質や仕草、歩き方など人物的にもコーディネートしたいところです。
きれいな面ばかりを求めるのではなく、その骨格の持つバランスにあった大きさと形、シニヨンを置く位置が大きなポイントで、全体的にはボトムの面とシニヨンの面が調和することと毛質に統一感を持たせることが大切です。
毛先の処理は、完全に入れ込んでも、出しても、フォルムが整っていれば、それほど問題になりませんが、毛先を上手に使えるとデザインの幅が広がります。
一つのデザインもどんな人にでも当てはまるわけではありません、チョットした違いが大きな違いに発展します。自分のイマジネーションのルーツを見失わないようにし、一人一人にあったバランスやフォルムを見つけなければならないのです。
技術的にはすき毛の使い方や逆毛をマスターすることと、基礎的なシェーピングを身につけること、そうすることでおのずとオリジナリティーのあるデザインが生れてくるのです。

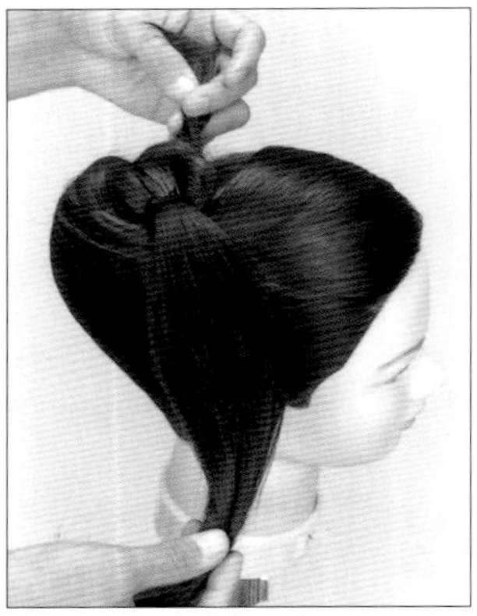

❶ボトムは本夜会にまとめ、サイドの毛束も含めてトップに集めます。さらに、トップの毛束を毛束曲げゴム止めを斜めに配置します。(※前著「アップスタイリング」参照)

❷センターに量感のあるすき毛をバイヤスに置きます。

❸毛束をすき毛の上にかぶせ、右端から広げていきます。

❹毛流れとテンションを整え、毛束を前方に広げていきます。このとき、ダッカールなどで仮止めしながら作ります。

❺シニヨンのフォルムは、テールですき毛を調整し、手のひらシェープで面と毛流れを整えながら位置や形を調整します。

❻前方の端をすき毛の内側に少しずつコームのテールで入れ込んでいきます。

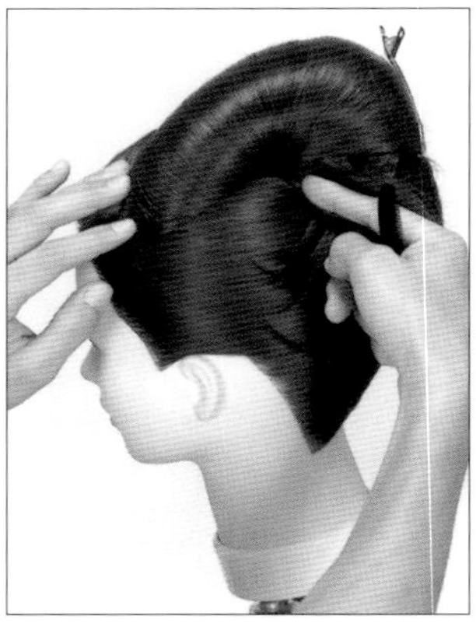

❼前方の毛束をネジピンで仮止めしながら、後方の毛束を毛流れをあわせて、ひねってまとめます。

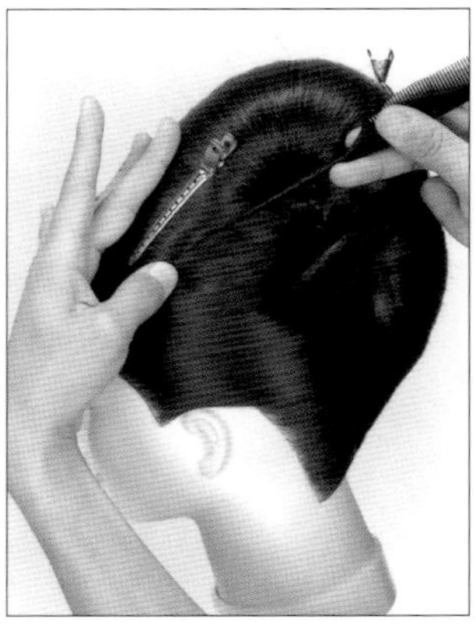

❽ネジピンで止めたのは、表面を整え直して、たるんだ毛束ができたときに、抜き差しして、まとめるためです。テンションが整ったら、しっかりとピニングして毛先を整えて仕上げます。

STYLING POINT

シニヨンの形を変化させることはとてもむずかしいのですが、すき毛の量感や表面のテンション、毛流れに細心の注意をすれば、思うような形に作ることが可能となります。このやや四角い(キューブ)形のシニヨンは、角をさらにとがらせたり、角の数を増やしたりすることによってもデザイン表現の幅は広がります。

リバースシェーブ

ワンポイント・トップ・キューブシニヨン

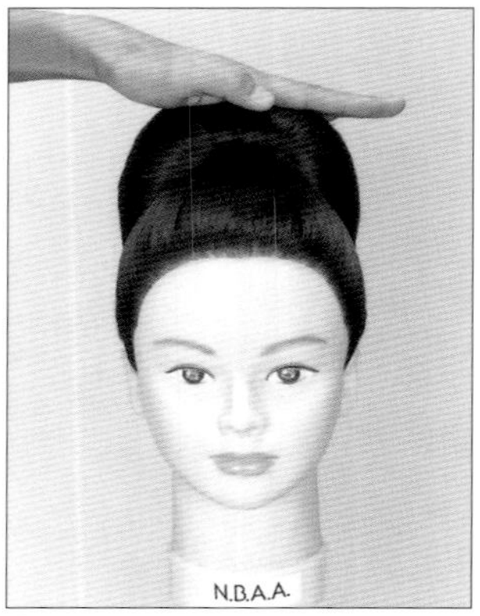

❶やや、やわらかめに作ったすき毛でリバースシニヨンを作り、手のひらテンションでトップのボリューム感を作ります。

❷両手の中指を中心にして、角を引っ張り出します。

❸このとき、全体はリバースの方向にテンションをかけながら、引っ張り出すあたりの毛は逆側に引き出します。

❹一度に行なわずに、左右少しずつ張り出します。

❺指先ではなくコームのテールを使いながらでも、同様のことができます。アウトフォルムに気をつけながら作りましょう。

STYLING POINT

ライジング・リバースシェープ
ワンポイント・トップ・ワイドシニヨン

トップに、ボリュームのあるデザイン、特にシニヨンを置く場合、ボトムのフォルムは引きつめ、あるいは極力タイトなフォルムにし、同時にシンプルな表面にすることによって、デザインが引き立ちます。ワイドにすることで両端が宙に浮いた（＝ライジング）形になるので、当然、崩れやすくなりますが、毛の方向を変えることによって（上方向）、崩れず長持ちさせることができます。

❶トップの毛束を毛束曲げゴム止めし、ワイドな形のシニヨンを作るために、このようなすき毛を置き、ネジピンで止めます。

❷毛束をかなりワイドに広げるため、毛束自体につながりを持たせるように、逆毛を中間部まで立てます。

❸逆毛を立てた広がりやすくなった毛束を、バランス良く、すき毛の上に広げていきます。

❹広げた毛束をセンターあたりに集め、ひねって左側をネジピンで止めます。

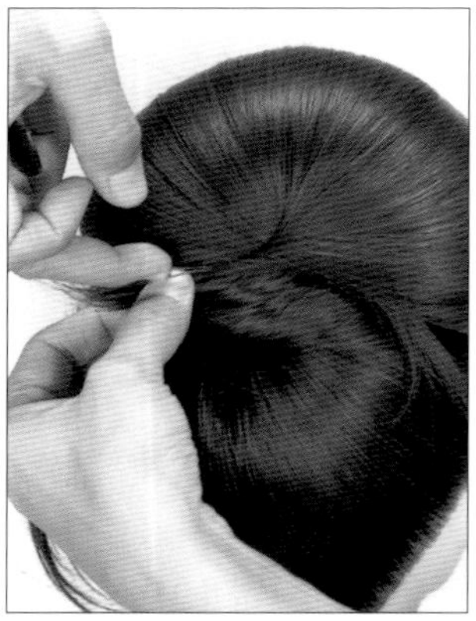

❺右側も同様に、テンションをかけながらひねって、アメピンで止めます。

❻ワイドなバランスと、前後にも広がる表面が浮いた（＝ライジング）質感を表現するために、ずらす量感にグラデーションをつけながら作っていきます。

❼トップにふくらみが出ないようにするのと、際の部分が浮かないようにします。

❽残った毛先にも同様な質感を作り、毛先の方向性は毛束をひねるようにしてつけます。このとき、下方向に下がらないようにして、全体の生き生きとした力のある毛流れを強調します。

ワンポイント・クラウン・シニヨン

STYLING POINT

クラウンに大きめのシニヨンを配置すると、とてもエレガントな雰囲気を漂わせてくれます。サイドをトップに引き上げることによって、クラウンのシニヨンの始まりの部分が強調され、高さが演出できます。フロントにスライスラインの曲線を利用した切り替え模様を配置し、シニヨンのネープはおさめずにやわらかく外に出すことによって、大胆な面構成のスタイルを、少しやわらかくフェミニンに仕上げています。クラウン・シニヨンをバランス良く仕上げるコツは、斜め正面、または斜め後ろから見た場合に、クラウンを強調して首を細く見せるフォルムにすることです。

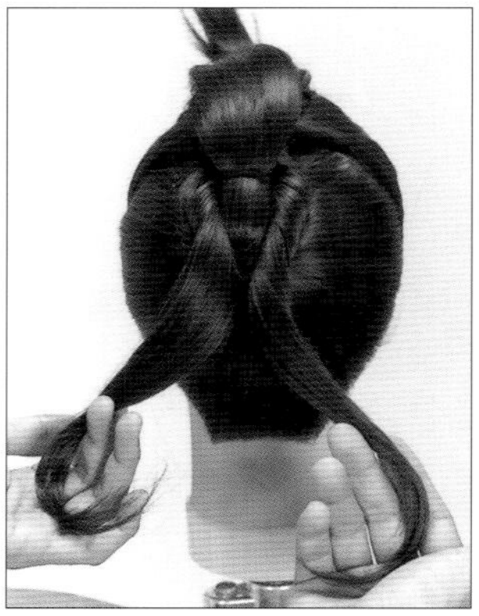

❶バックを一束にして、毛束を毛束曲げゴム止めします。フロントとサイドの毛束は、一束の毛束の両端にひねりながら、止めつけます。

❷トップの近いところにボリュームのあるすき毛を毛束の上に配置します。

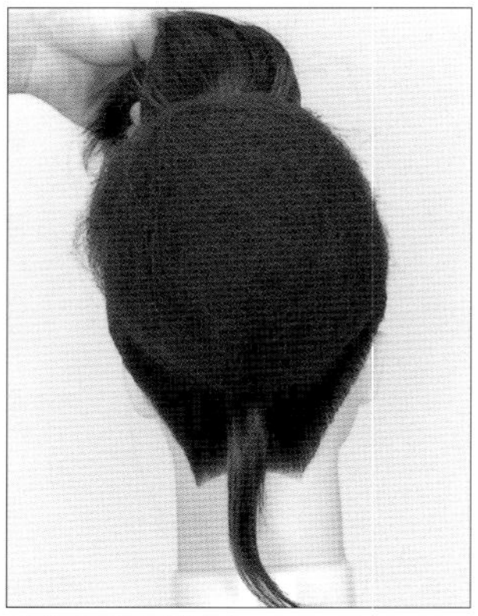

❸後ろから見たところです。このときフロントサイドからきた毛束をセンターにまとめてコーミングしておくと、後の処理が楽になります。

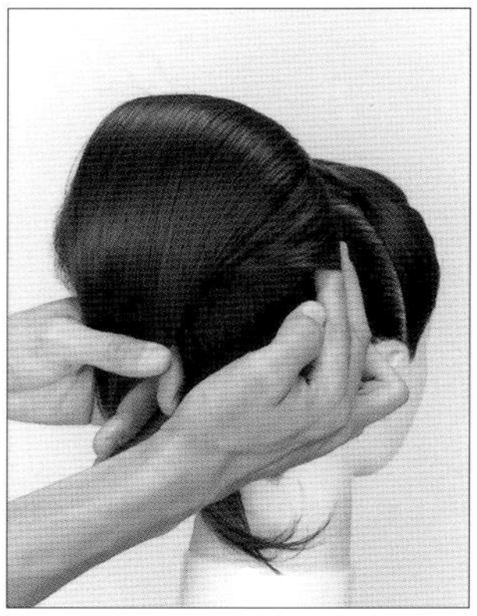

❹センターに毛量を残しながら、両端の毛束をずらすように広げていきます。

❺正面から見たフォルムや根元からとかされた毛流れに注意し、手のひらシェープとコームのテールでバランスを整えます。

❻ダッカールなどで毛が割れるのを防ぎながら、一度広げた毛束を、集めるようにシェープしてきます。

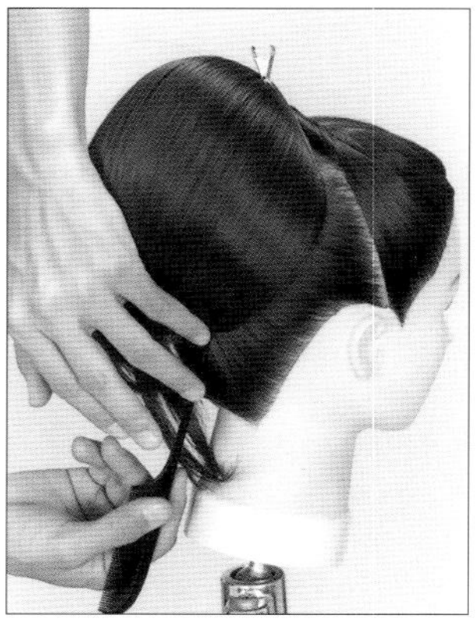

❼シニヨンの際をなめらかにして、テンションがずれないように集めていきます。

❽バックは、残しておいた毛束と共に毛先をひねり、ピニングします。

リバースシェープ
ワンポイント・トップ・シニヨン

STYLING POINT

毛束を倒しこんで、前から後ろ(=リバース)の方向に毛流れを作ることによって、キューティクルの面は正面から見たときに、さらにつやが増します。ボトムの方向性とシニヨンの方向性が同じになることによって、毛流れの統一感が感じられます。また、すき毛の形を変えることによって、さまざまな形に変化します。毛先の処理の仕方は、ひねってまとめても、寄せ集めてゴムで止めても良いでしょう。表面の毛流れを手のひらテンションで、つぶさないようにして、仕上げてあります。また、毛先を散らさずに仕上げることで、むずかしくなりますが、完成度は高くなります。

❶このようにトップでまとめる毛束を作ります。

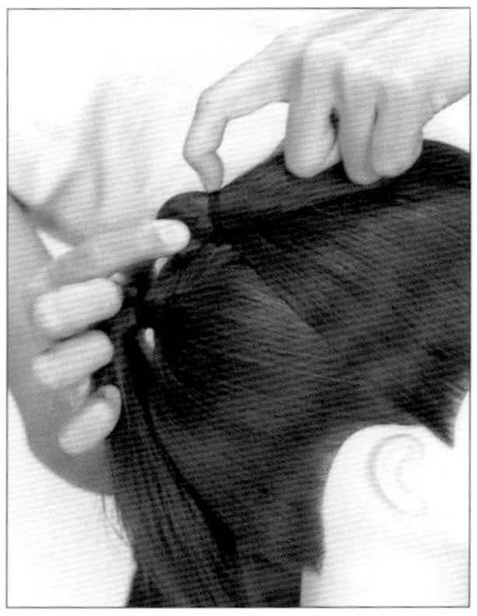

❷トップでまとめた毛束を、毛束曲げゴム止めします。

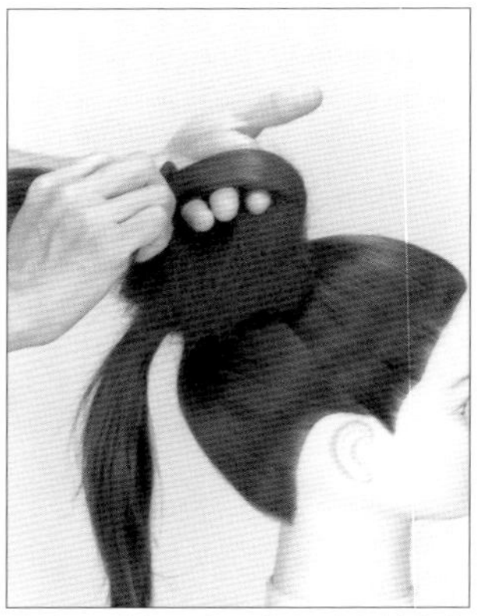

❸その毛束の上にすき毛を置きます。

❹センター側に大半の毛量を置き、両側の端の、少量の毛束を広げていきます。

❺毛流れと表面のテンションを整えながら、シニヨンの丸みにそって曲線を描き、両端をひねるようにしながら、バックの一束の毛束の右側に巻き込んでいきます。

❻全体のテンションを左手の指先で支えながら、コームのテールを使って毛束の集まる位置を調整します。

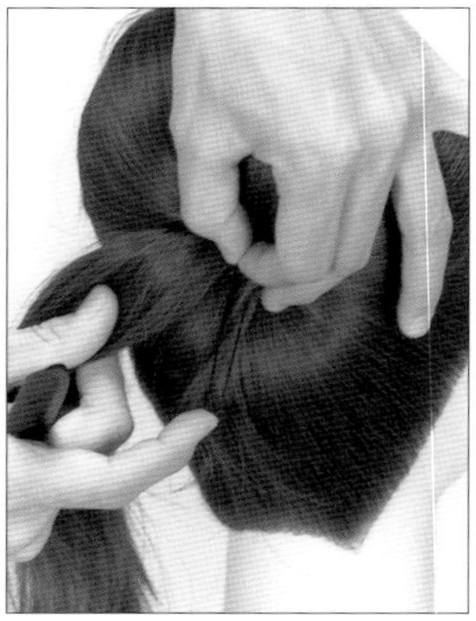

❼全体の毛束をひねりながら、ピニングします。

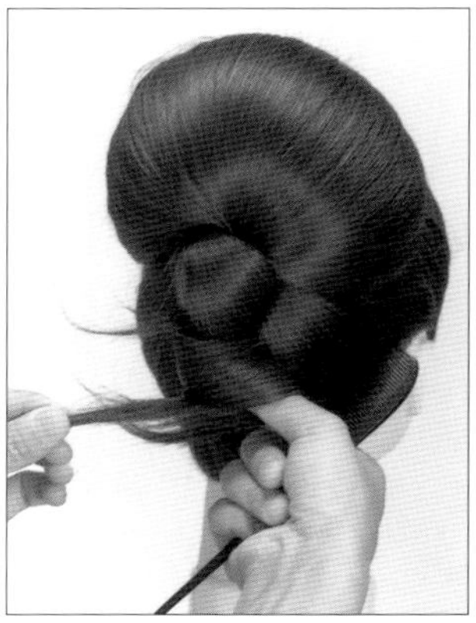

❽残った一束の毛束をロール状にして、毛先を内側に入れ込みサイドビューのシルエットを崩さないようにまとめます。

STYLING POINT

丸みのあるシニヨンをバイヤスにシェープした場合、毛束の毛量の中心を見失いやすいので注意が必要です。広げ方は、よくコーミングされた毛束をすき毛の上に斜めに置き、毛束の端を少量つかみそこから少しずつ放しながら引っ張り、広げていく感じです。広げた毛束はテンションがゆるまないように、手のひらシェープとコームシェープを繰り返して整えます。毛束を巻き込むときはすき毛を持ち上げるようにして内側に入れ込み、毛先の処理はフォルムを崩さないように気をつけて仕上げます。

バイヤス・フォワードシェープ

ワンポイント・トップ・シニヨン

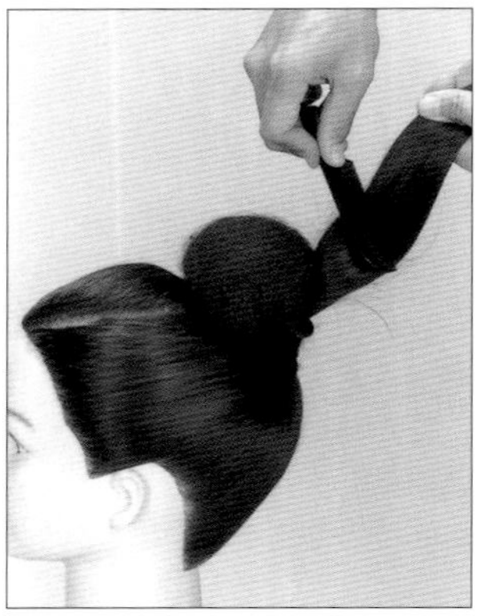

❶毛束の前に形の整った硬めのすき毛を置き、毛束の裏に軽い逆毛を立てます。

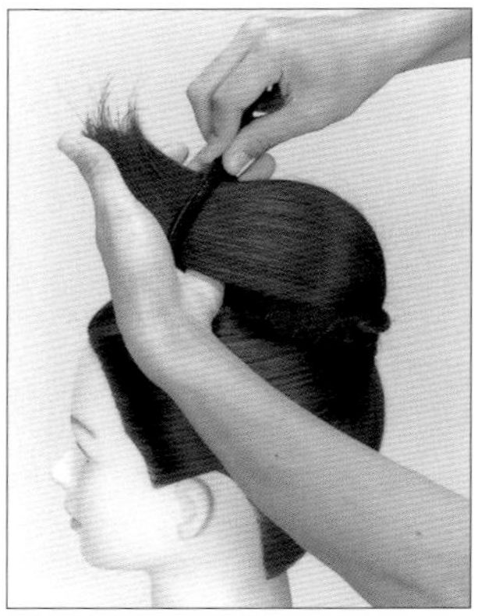

❷すき毛の上に左手を置き、そのまま斜めに手のひらの上でシェーピングしていきます。

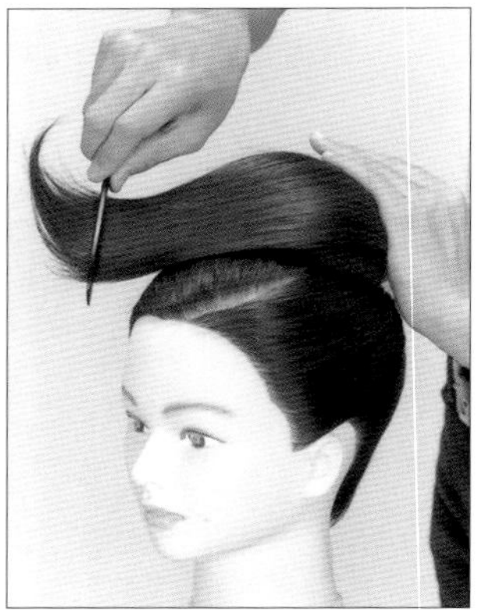

❸左手でシニヨンの表面にテンションをかけながら繰り返しシェーピングします。

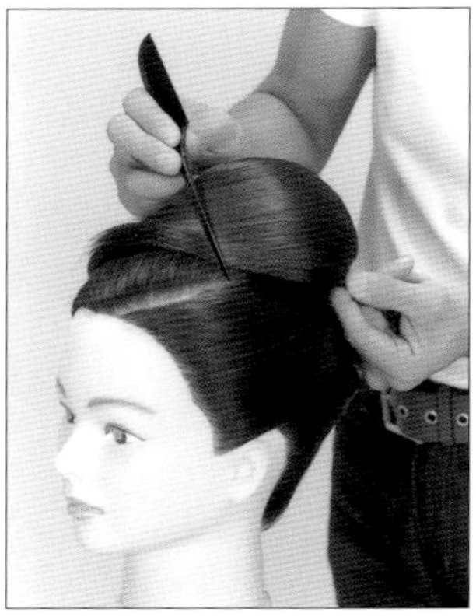

❹毛束の左を薄くつまみ、広げながら内側に入れ込みます。

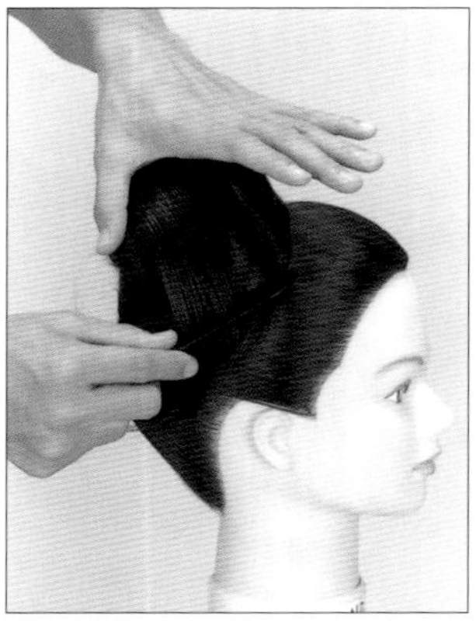

❺面と毛流れを整えながら右サイドまでシェープします。

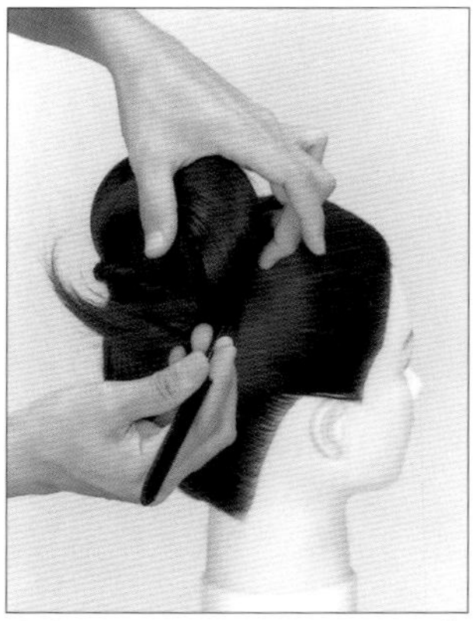

❻左の際からコームのテールを使い、毛先をすき毛の内側に入れ込みます。

❼毛先をひねりながらネジピンで止めます。

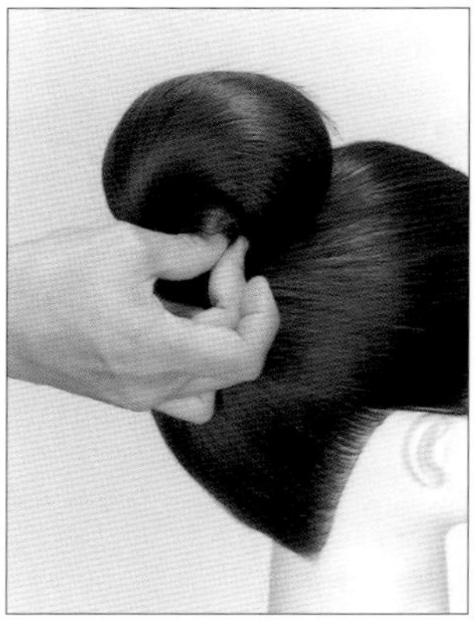

❽残った毛先はループカールにして内側に入れ込み、仕上げます。

表面ライジング・バイヤス・フォワードシェープ

ワンポイント・トップ・シニヨン

STYLING POINT

全体のバランスを見ながら、メリハリをつけてライジング（＝浮かせる）させていくことが大切です。しかし、全体にきれいに均一にライジングさせても、不自然なふくらみ感になってしまうこともありますので、強弱をつけたり、毛流れをランダムに動かしながらも、全体的にひとつの方向性を持つことも必要です。このスタイルは、シニヨンのつながりの部分とボトムにもライジングを入れています。そうすることで、ライジングされたシニヨンとボトムのなじみや、幅が広がり、どこまでがトップの毛かわからなくなるところに面白さが感じられます。

❶すき毛の上に、毛束をコームでシェーピングしながら毛束の端を広げます。

❷丸みのあるフォルムと毛流れに気をつけシェーピングします。

❸テンションがゆるまないように表面をおさえ、すき毛を持ち上げるようにして、毛束を内側に入れ込みます。

❹左サイドから毛流れを整えながら、毛量のコントロールをします。

❺表面にテンションを加えながら、毛先をすき毛の中に入れ込みます。

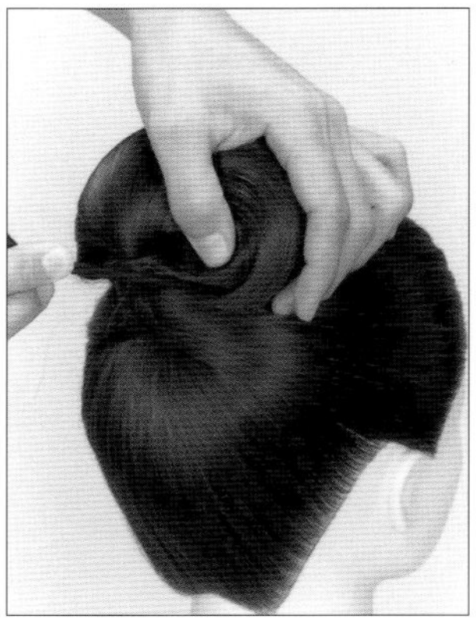

❻毛先をカーブさせながら、均一なテンションをカール状に加えながら、毛先を小さくして内側に入れ込みネジピンで止めます。

❼シニヨンの表面をライジング（＝浮かせる）させていきます。

❽奥行き感を出す為、前後にも引っ張り出します。

STYLING POINT

シニヨンの表面の毛流れを変えてまとめると、表面的なデザインの中に切り替わったラインが特徴となり、様々な表現が可能になる訳です。

ワンポイント・トップ・クロスシニヨン

つまり、ライン的なものを組み合せることによって、重ねる幅ができます。重なる毛束は、どちらが上になっても構いませんが、全体の毛の流れや衣装に合わせるとバランスがとれます。

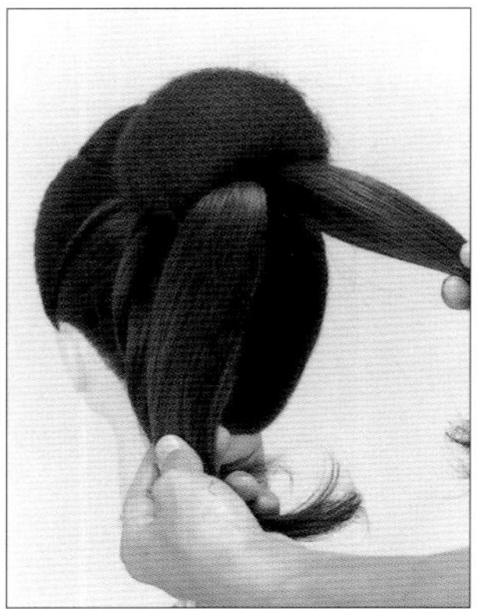

❶すき毛を毛束の前に置き、毛束を二つに分けます。

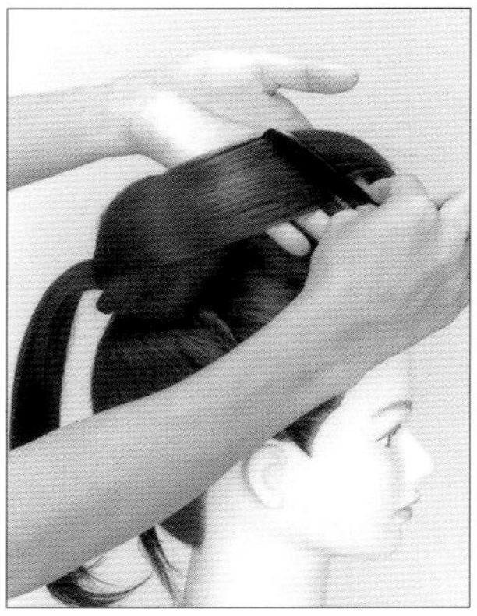

❷右側の毛束から手のひらに毛束をのせ、コーミングしながらすき毛の上に斜めに持っていきます。

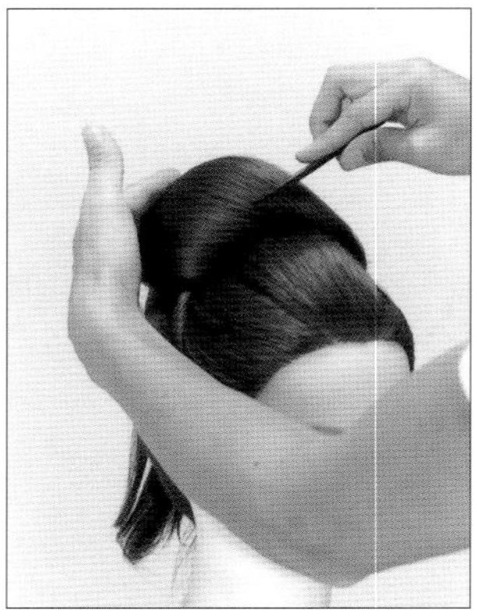

❸正面から見て、フォルムに気をつけながら毛流れを整えます。

❹すき毛の左内側にネジピンで毛束を止めます。

❺逆サイドも同様に、このとき、毛束の際を少量つまみ、広げながらシェーピングしても良いでしょう。

❻初めに、止めた毛流れを崩さないようにすることと同時に、左右の毛流れとクロスする位置に注意して、毛束を内側に入れ込みます。

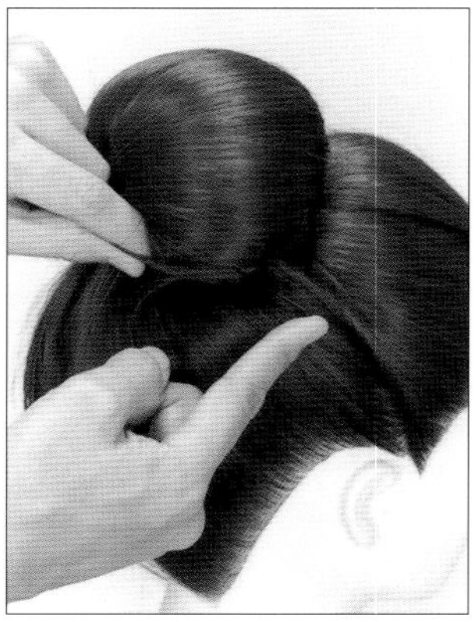

❼入れ込んだ毛束を、すき毛の内側に入れながらネジピンとアメピンで止めます。

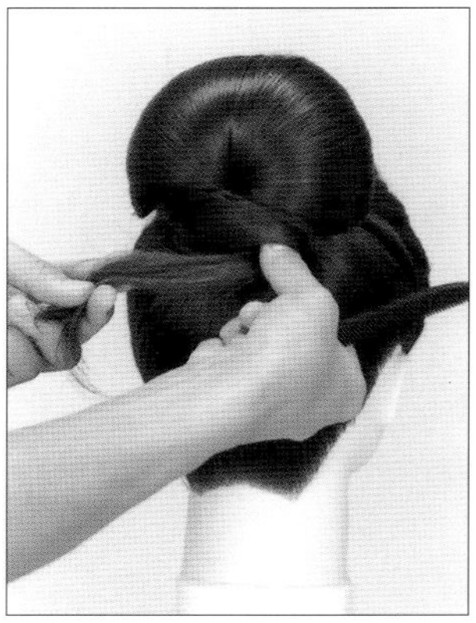

❽余った毛束を、真横に流れる毛流れにして止めます。

表面ブレイド、
フォワードシェーブ

ワンポイント・トップ・クロスシニヨン

STYLING POINT

シニヨンの面やボトムの面などに、ブレイドを組み合わせることによって、新たな面(模様)が生まれます。シニヨンの上に乗せる場合、シルエットに気をつけてバランスが崩れないようにすると、最終的なフォルムに影響せずに作ることができます。このスタイルの場合、残った毛束を崩しすぎずにまとめながら、毛先も細く出しています。

❶毛束を四つに分けます。

❷クロス・シニヨン(※)と同様に右側の毛束を巻き込みます。
(※前著「アップスタイリング」参照)

❸残した毛束を、ツイストロープ編みにします。

❹表面の毛流れにそわせ、シニヨンの面に毛束を入れこむようにして毛先をすき毛の下で止めます。

❺左側の毛束も同様にすき毛の下に入れ込みます。

❻切り返しの部分にテンションがかかるように、コームのテールで調節しながら毛束を止めます。

❼左側の残った毛束も同様にブレイドし、シニヨンのフォルムを崩さないように表面に入れ込みます。

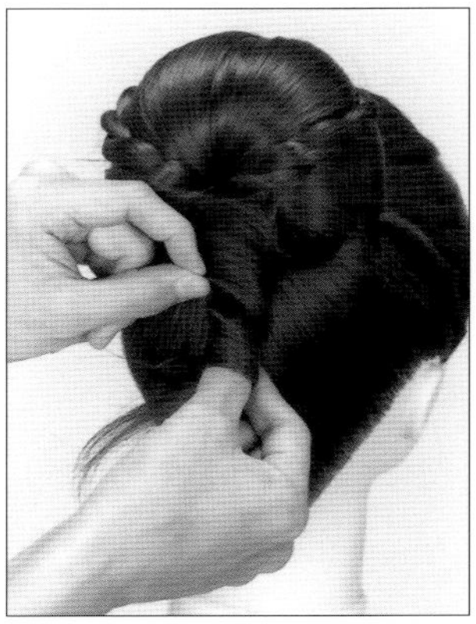

❽残った毛束をセンターでロール状にひねり、表面にランダムな動きを作りバランスを見ながらスモールピンで止め、仕上げていきます。

ツーポイント・トップ・シニヨン

STYLING POINT

ツーポイントのシニヨンの毛流れが、中心に流れることによって求心的な印象を与え、短めのバングと共に、かわいらしさを演出しています。サイドは、いったん前方にねじり込んだ毛束をひねり戻します。そうすることによってできたボトムのボリュームが、新日本髪風のボリューム感を作り出しています。ちょっとしたアイデアで、古くからのバランスも新しいデザインとして生まれ変わると思います。ポイントのデザインの組み合わせによって、スタイルは変化することでしょう。

❶トップはツーポイント、バックは重ね夜会。フロントは三角ベースでバングを作り、サイドは前方にねじり込んでから後方に引き上げています。

❷トップにこのようなバランスですき毛を置きます。

❸中心に向かう毛流れで、フォワード方向に巻き込むシニヨンを作ります。

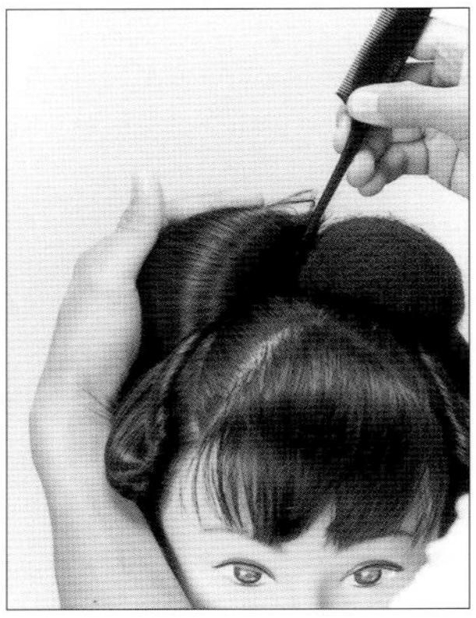

❹左手でシニヨンのフォルムを支えながら、シェーピングとテールテンションで毛束をすき毛の内側に入れ込んでいきます。

❺テンションが緩まないようにしながら、先にネジピンで止め後からアメピンでしっかりピニングします。

❻さらにその毛をすき毛を隠すように巻き込んでいき、毛流れを合わせながら止めます。

❼左側も同様に巻き込んでいきます。

❽カールがそのままループで崩れていくような、動きを加えて仕上げます。

リバースシェーブ

ツーポイント・トップ・クラウン・シニヨン

STYLING POINT

シニヨンの作り方として、あらかじめ置いたすき毛の上にとかしつけていく方法と、このようにすき毛に直接毛束を巻き込み、その後、毛束を広げてシニヨンとする方法などがあります、この巻き込む方法は、広げ方の加減できっちりとして崩れにくいシニヨンを作ることが可能となります。コツは、毛量をセンターに残し、広げる毛束はごく少量にすることと、広げる場合に根元側から広げるようにすると、テンションがゆるみません。また、巻きこむ方向は、前方と後方とありますが、気をつける共通のポイントは、毛束の際を、いかに毛先を引っ張り出さずに広げるかにあります。

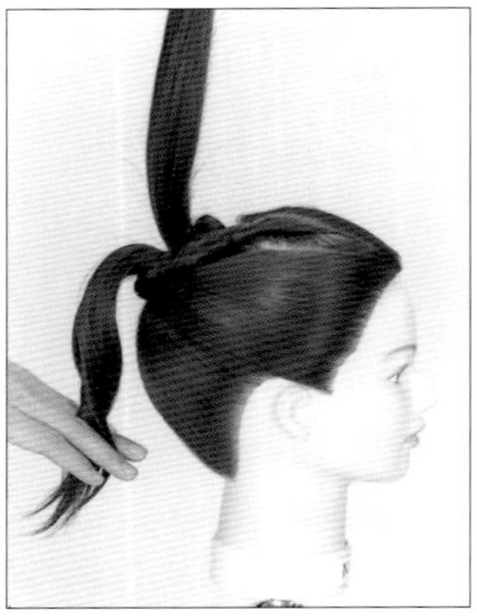

❶ややクラウン側に毛束を２本作ります。

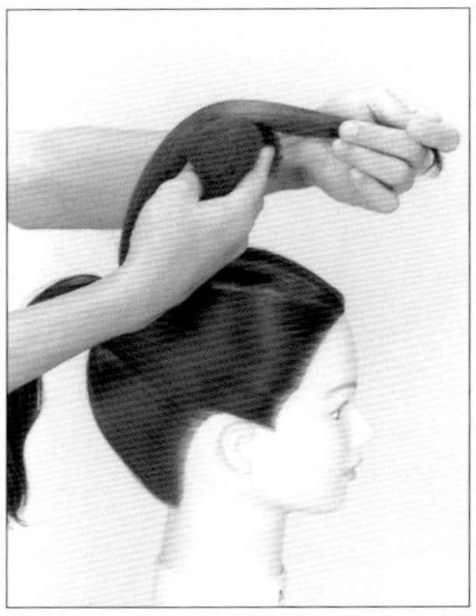

❷内側の土台として取った毛束を、トップのシニヨンとして使います。

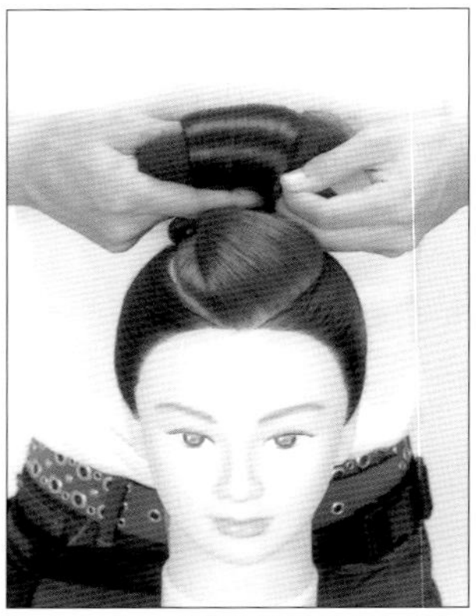

❸すき毛に毛束を巻き込むようにして、毛流れを整えながらテンションをかけます。

❹根元付近の毛束を左右の両端を少量つまみながら、同時にすき毛を毛束の中に入れ込むようにして、広げていきます。

❺毛束を少しずつ離しながら、毛先側の方向にテンションをかけて広げていくと良いでしょう。

❻毛量はセンターに多めに置き、毛流れを整えながらバランスを調整します。

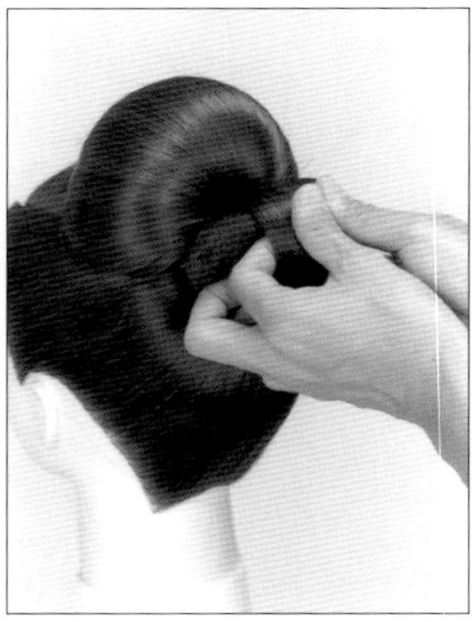

❼クラウン側に残した毛束を使用し、すき毛を毛束に巻きつけて広げるようにシニヨンを作ります。

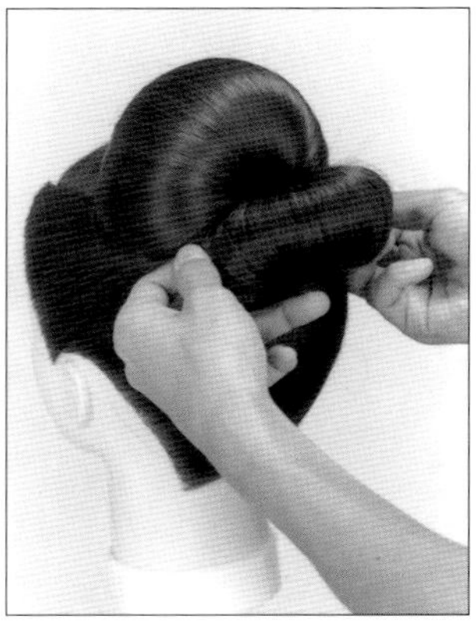

❽このとき、毛束の両端をすき毛の内側に入れ込むようにすると、止まりが良くなります。

ライジング・リバースシェープ ツーポイント・トップ・クラウン・シニヨン

STYLING POINT

毛先がしっかりと入り込んでいるので、かなり引っ張り出しても崩れにくいという巻き込み型シニヨンの特性を生かし、サイドの方までループ状に面を崩していきます。あごから耳を結びクラウンに向かう曲線的な方向性を描き、そのラインを強調するループをライジング(＝浮かせる)させて表現します。このようにしっかりと巻き込まれたシニヨンは、バランスを変えても崩れにくいという特性を持っています。

❶トップに作った巻き込み型シニヨンのフォルムを、中のすき毛を動かすことによって変化させます。

❷ルーズになりすぎないように表面をやわらかくライジング（＝浮かせる）させます。

❸クラウン側のシニヨンの方向性を変えます。

❹根元からひねった後、裏側の部分をしっかりとアメピンで止めます。

❺中のすき毛の形を整えます。

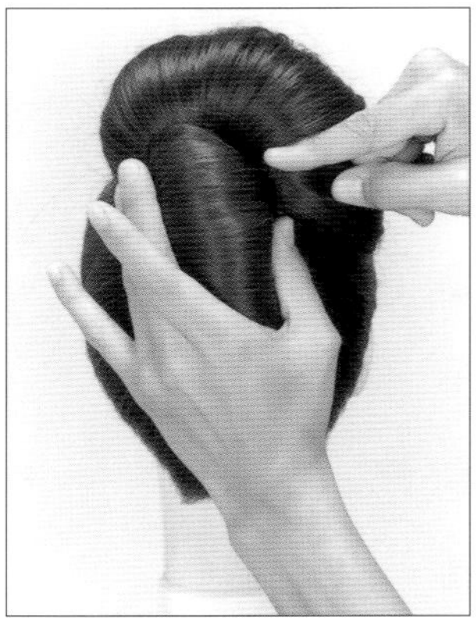

❻形を変化させながら、要所をネジピンで止めます。

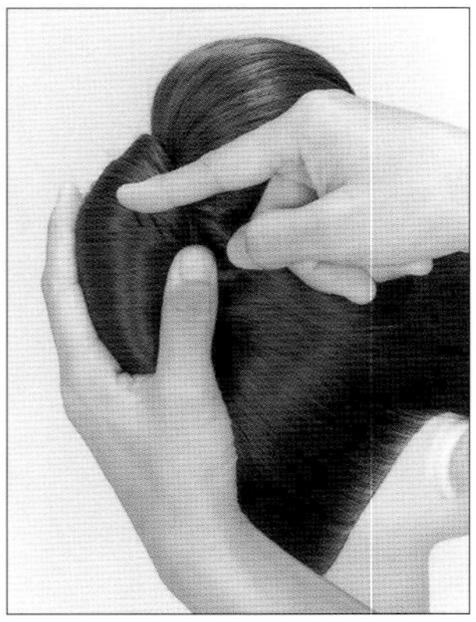

❼サイドから見たところです。

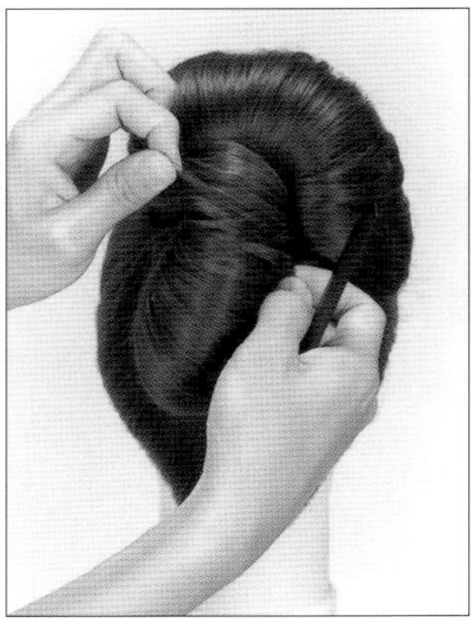

❽全体のフォルムのバランスが整ったら、シニヨンの表面をライジングさせて仕上げていきます。

ワンポイント・ネープ・ツイストシニヨン

STYLING POINT

毛束をひねりながら、表面を薄く止めることにより、中心にある毛量はネープではなく上方向に持っていかれ、結果としてネープの量感が少なくなり、首元がすっきりするシニヨンとなります。ひねることにより、髪の毛で止める作用が働き、ピンの数も少なくてすみます。最終的にピンを抜き差しして、止めることによりピンの数も減って、ねじられた面も整います。髪の毛の中間部は、つやが出やすいですが、毛先がバラつくと同じ質感になりません。そこで、あらかじめ、または創作中での髪質調整が必要となります。このツイストシニヨンは、ネープに限らず、いろいろなところでまとめる場合に、非常に役に立つので、必ず覚えておきたいテクニックです。

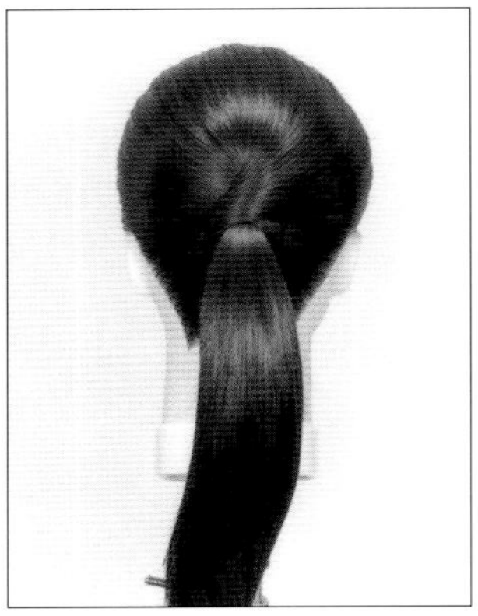

❶ボトムにすき毛を入れ、フロントサイドをネープで結った毛束の上にクロスしてかぶせます。

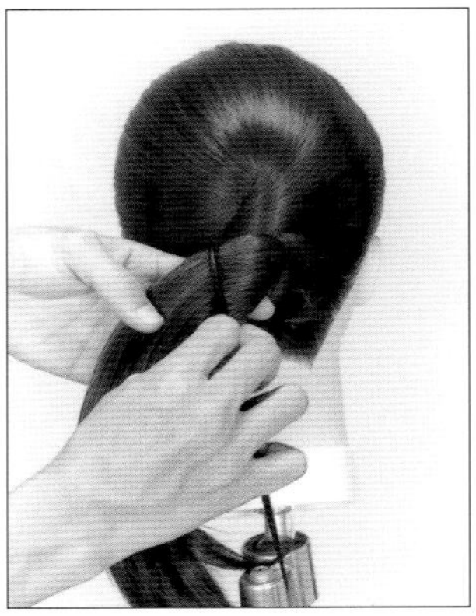

❷ネープの毛束をひねっていきます。

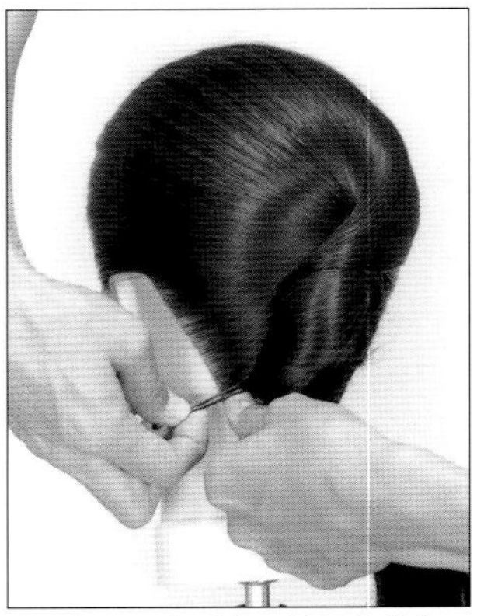

❸ひねられた毛束の外側を薄くアメピンで止めます。

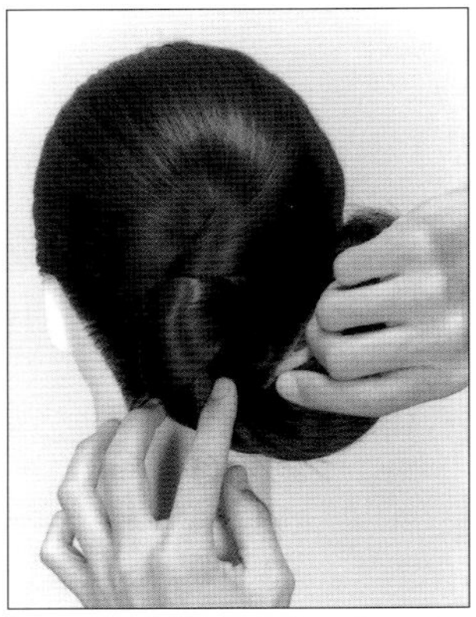

❹さらに毛束をひねり、ネープで毛束を薄くひろってピニングします。

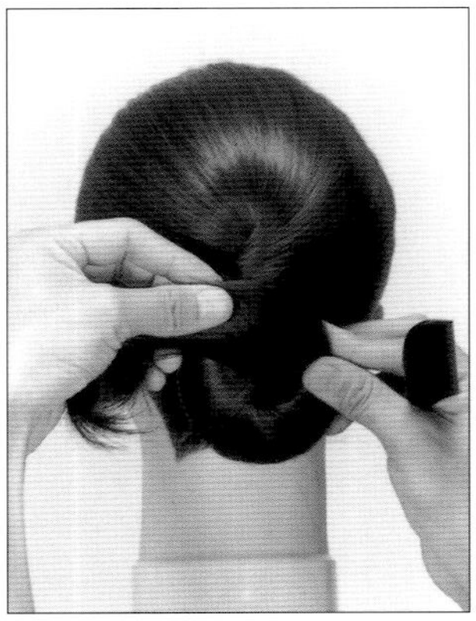

❺その毛束をさらにひねりながら、上に上げていきます。

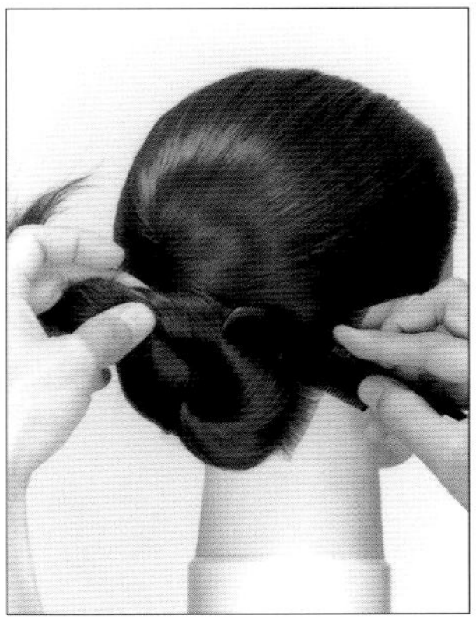

❻右側を毛束の表面を整えながら止めていきます。

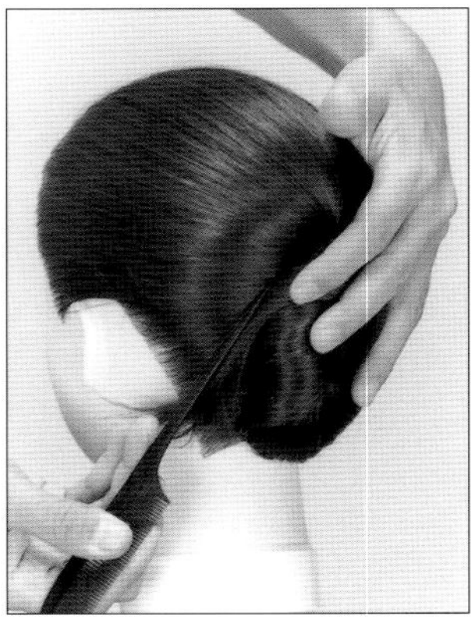

❼左側のねじりの内側に、毛先をテールで入れ込みます。

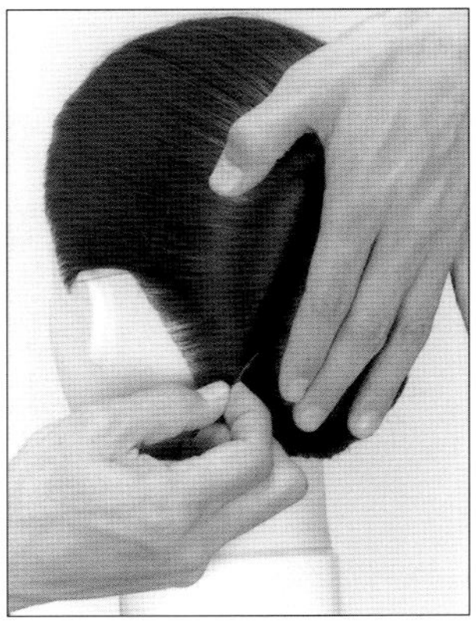

❽きれいに入れ込んだらピニングします。

ワンポイント・ネープ・ループカール

STYLING POINT

縦の毛流れにまとめられたボトムに対して、浮き上がらせながら横に動くループ状のカールを、フォルムにあわせて平面にまとめたデザインです。もみ上げのねじりは、メリハリをつけるためのアクセントとなって、ネープのカールがねじりの束で止めつけられている感じを想像させます。横動きのループカールをワイドに広げるコツは、重力に逆らう関係上、毛束についたカールのくせをコントロールすることが必要となります。また、毛先がザラザラ・バラバラだったら、スタイルの完成度は下がってしまい、きれいに見えません。強い動きのラインには、つやのある束感を持たせ、適切な所に強調するラインを作ることです。

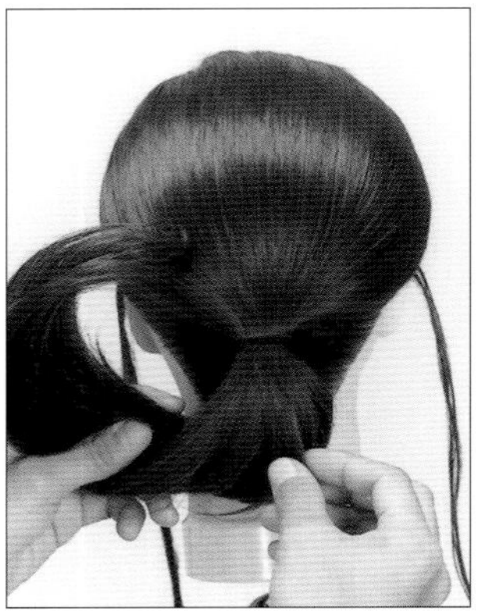

❶もみ上げの毛束を残し、ネープで一束にまとめた毛束を左側にひねりながら、表面をややライジング（＝浮かせる）させます。

❷ひねった毛束をさらに下から上にひねりながら、ゴムの上に重ねていきます。

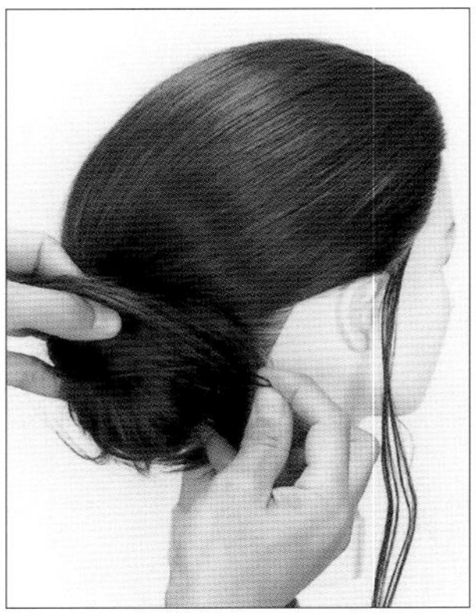

❸サイドビューから見たシルエットを整えながら、ネジピンで要所を止めていきます。

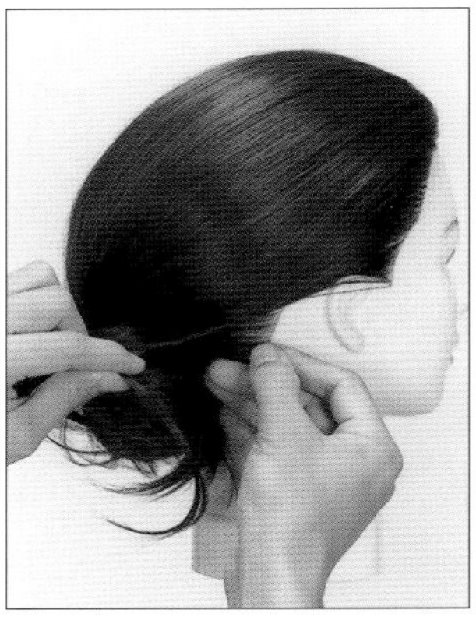

❹もみ上げで残した毛束を、ねじってネープに止めつけます。

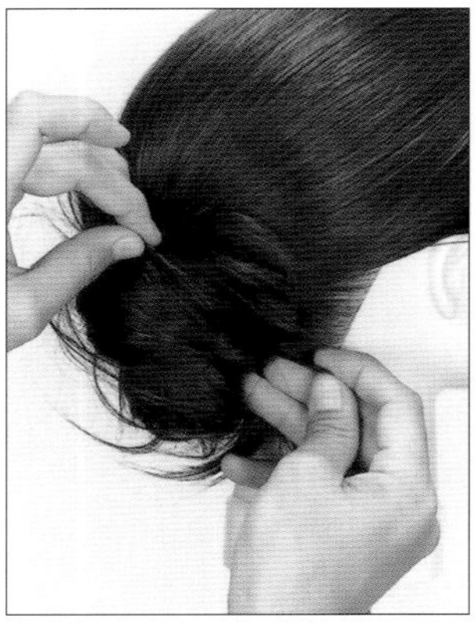

❺右側のひねってまとめた毛束を、整えながら止めていきます。

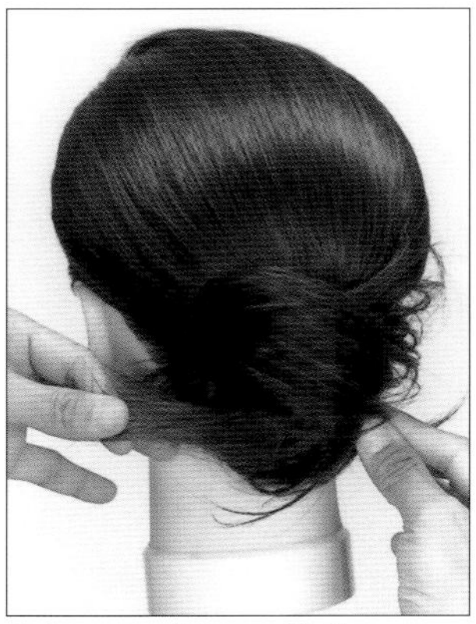

❻ネープの動きに、横動きのループカールを作ります。

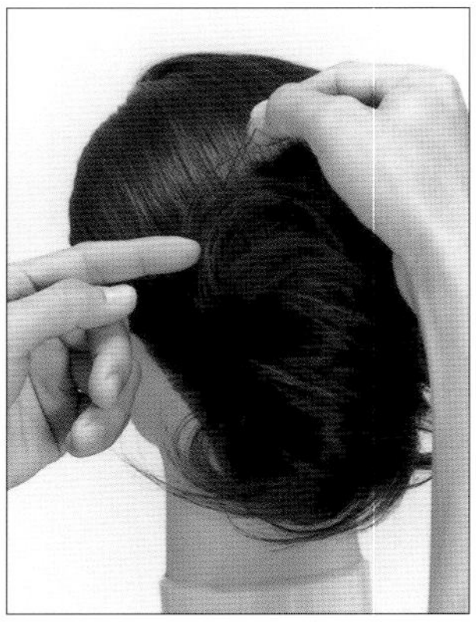

❼クラウンあたりまでループカールを広げ、毛ピンで止めます。

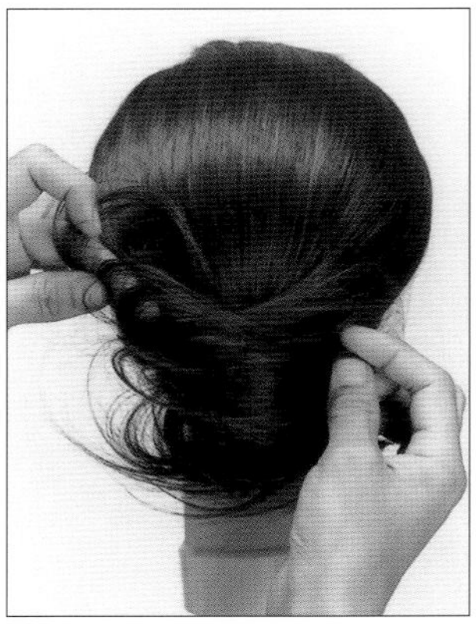

❽左右に揺れ動く躍動感のある感じを表現して仕上げます。

ワンポイント・ネープ・ツイストシニヨン

STYLING POINT

ミニマムにまとめられたツイストロープ・シニヨンです。ボトムと調和をとりながら、シニヨンを引き立たせるために、ストレートの面からつながる部分をややひねり込んでまとめ、違和感をなくしています。フロントの部分は、顔立ちに合わせてデザインを変化させると良いでしょう。このスタイルは、面と毛流れが重要なポイントになりますが、ハイライトのラインをきれいに出すために、均一な逆毛が必要です。毛流れを上手に出す逆毛のコツは、地肌に密着させた逆毛から、だんだん密度の薄いやわらかい逆毛へとグラデーションをかけると、シェーピングした際にオフ・バックコーム(逆毛を取る)のコントロールがしやすいでしょう。

❶ボリュームを出す位置に逆毛を立て、すき毛を入れるための土台を作り、ピニングの土台となるための平止めをします。

❷フロントからセンター、バックにかけて、曲線を描きながらシェーピングした後、土台の上でひねって止めます。

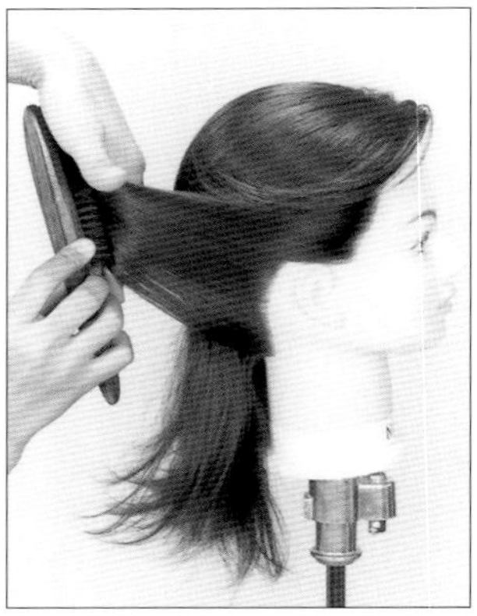

❸残したサイドとバックサイドの毛束をやや斜めにシェーピングし、面を整えます。

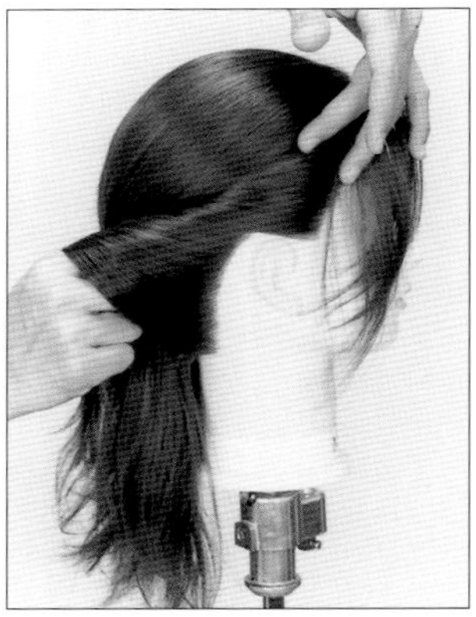

❹表情を出すフロントの毛をやや残し、残った毛束を右手でフォルムに気をつけながら、ひねり込んでいきます。

❺バックセンターに近くなるにつれ、ややテンションをかけながら強めにねじり込んでいき、左側で外止めします。

❻左サイドも同様にし、センターで重なるようにピニングします。

❼ネープに残った毛束をツイストロープ編みにします。

❽バランスを見ながらピニングします。

STYLING POINT

フォルムを崩さないようにカールをシニヨン状に止めつけ、ライズさせる毛束をごく少量にすることにより、まとまり感のあるカールが得られます。切り

ツーポイント・ネープ・カール

返しの毛束のラインや、まとめる位置をセンターにすることによりシンメトリーに動くネープ・カールがデザインを引き立たせます。創作上のポイントは、表面にしまりを見せる切り返しラインにハードスプレーを使用して、毛束が割れないように、また崩れないように固めることが大切です。ボトムのフォルムや表面のテンションを美しくするコツは、ブロッキングラインを考えてすき毛を上手に入れることです。

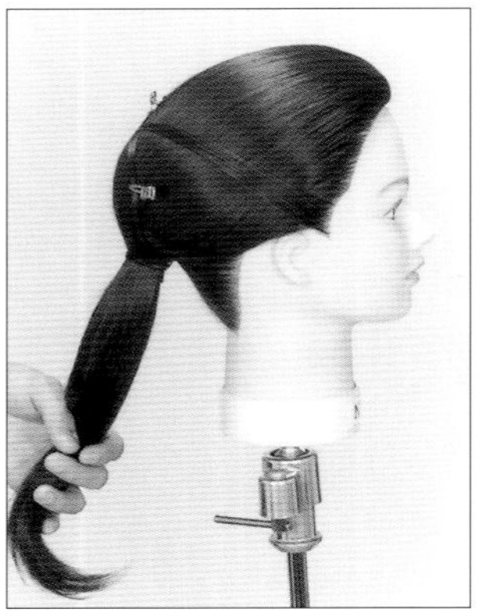

❶ボトムにすき毛を入れ、フォルム補正をしてサイドの毛束を使用して、表面に毛流れのラインを入れます。

❷ネープで一束に結った毛束を二つに分け、内側にひねるようにして根元の部分をピニングします。

❸ピニングされた後の毛束を、平面的なループカール状態にします。さらにメリハリをつけるためのライズを加えます。

❹動きやフォルムを整えながら、ネジピンで止めます。

❺安定したカールの動きを作るために仮止めをしながら作っていきます。

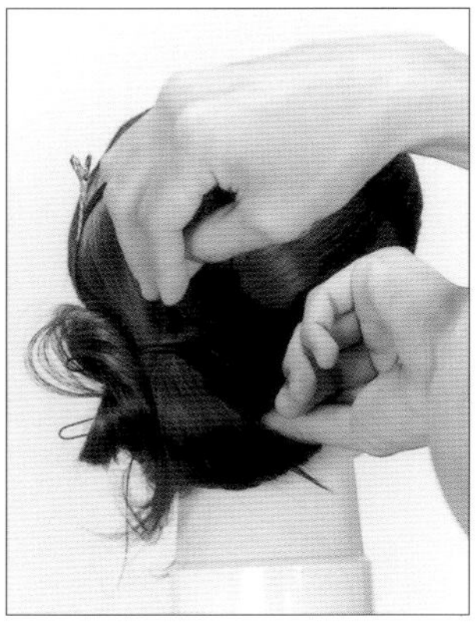

❻逆サイドも同様に、

❼センターで、ループカールを合わせるように止めます。

❽両サイドの毛先も同じ動きを演出するようにして、毛先はバランス良く動くように整えます。

STYLING POINT

ねじられた面や分け取られた曲線、シニヨンの面が、デザインに幾何学的模様を感じさせる光を発しています。また、ボトムの表面に薄く毛流れの

ワンポイント・トップ・ツイストシニヨン

模様をクロスして入れることにより、広く大きい面もトップとのバランスが取れ、引き締まって見えるようになります。きれいに見せるコツは、毛束をねじることにより細かい毛が出てこないようにするために、グロスワックスなどを上手に使うことです。ここでのスタイルは、バックはツーポイントのひねり上げで、生え際をうすく残した毛束を、バックの表面に重ねています。

❶ボトムの分け取った毛束をツイストさせながら、センター付近にまとめておきます。バックから二つの土台の毛束をとります。

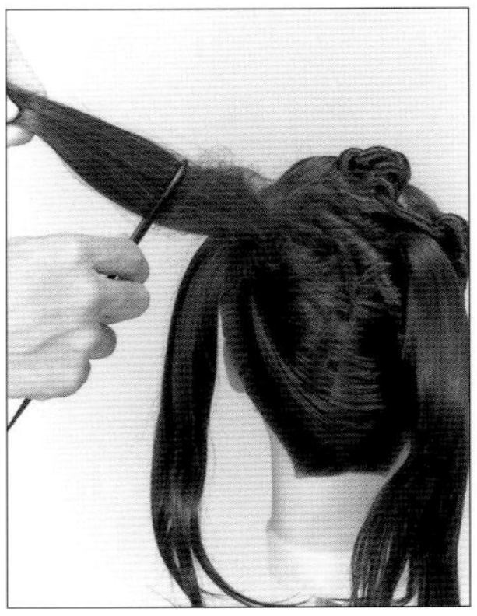

❷毛束を分け取り、シニヨンの面を作るために毛束に逆毛を立てます。

❸バランスを見ながら、トップにネジピンで止めつけます。

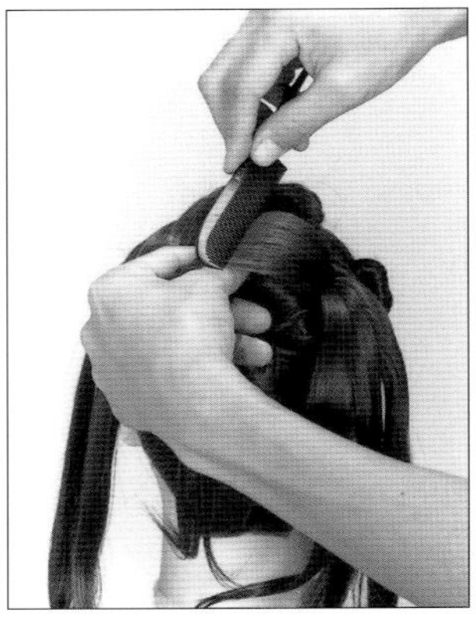

❹右側も同様に、方向性を変えてシェーピングします。

❺ひねりを加えて止めます。

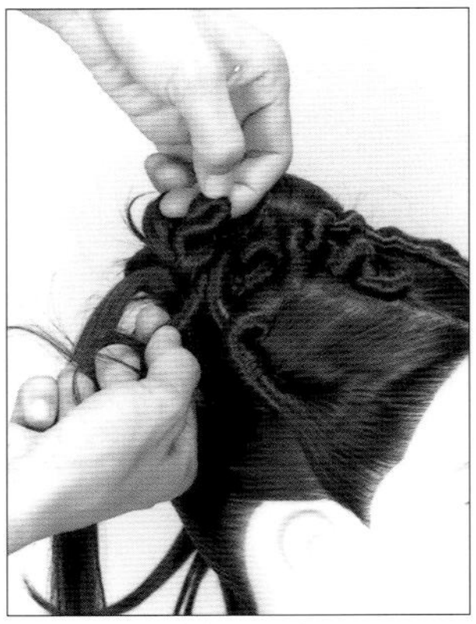

❻あまった毛束を小分けして、ねじり込んでバランスを見ながら、中間部から折り返し、トップにまとめていきます。

❼方向性を確認したり、バランスを見て模様付けしていきます。

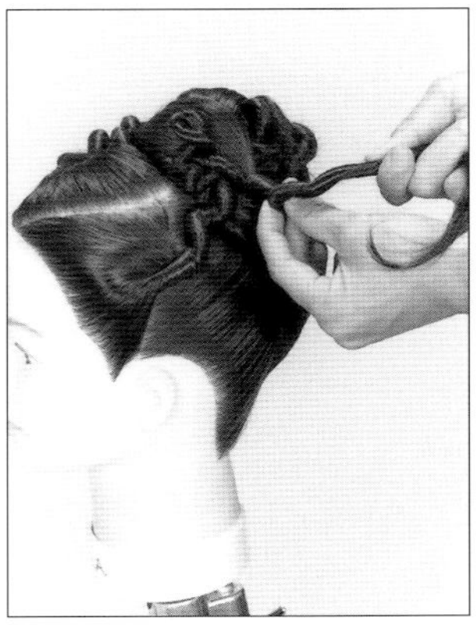

❽毛束の太さは、ある程度均一化します。

スリーポイント・トップ・スクリューカール

STYLING POINT

スクリューカール(※)の毛束感をトップにあしらったデザインですが、動きのメリハリ感を上手に出すことが、バランスの良いデザインに仕上るポイントとなります。ルーズに広がったところや、やや面がのぞくところ、ギュッと力強くねじられたところ、さらには解き放たれたような毛先などを組み合わせて仕上げると良いでしょう。必ずしも左右対称にすることが、完成度に結びつくわけではありません。骨格や全体的なシルエットを考え、左右のバランスを整えることが必要となります。バランスとは、形状のバランス以外に、量感や質感、力感など、感じられる全ての感覚を調和させることで完成されるものです。(※前著「アップスタイリング」参照)

❶バックを重ね夜会(※)にしてツーポイントにまとめます。フロントとサイドの毛束を、バックのセンターに引きつめてまとめ、毛束を3本出します。
(※前著「アップスタイリング」参照)

❷毛束の根元部分にボリューム感を持たせながらひねります。

❸ひねった毛束の表面をライジング(＝浮かせる)させます。

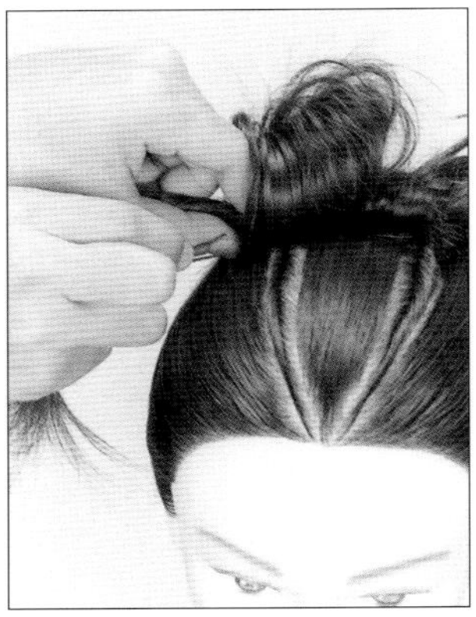

❹ボリューム感を見ながら、アメピンで裏側を平止めします。

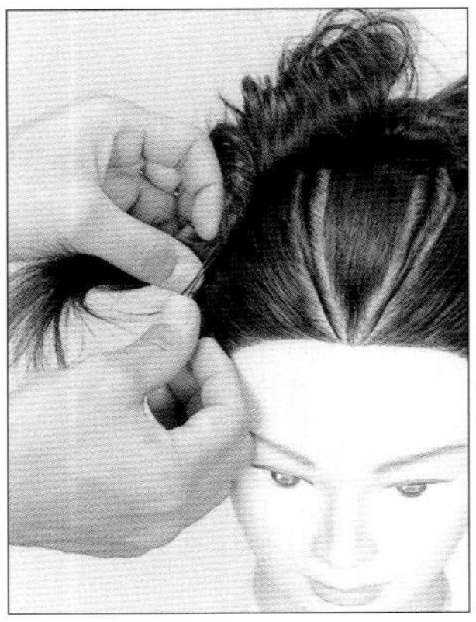

❺毛束をねじりこんでメリハリをつけながら、サイドのボトムにアメピンやスモールピンで止めていきます。

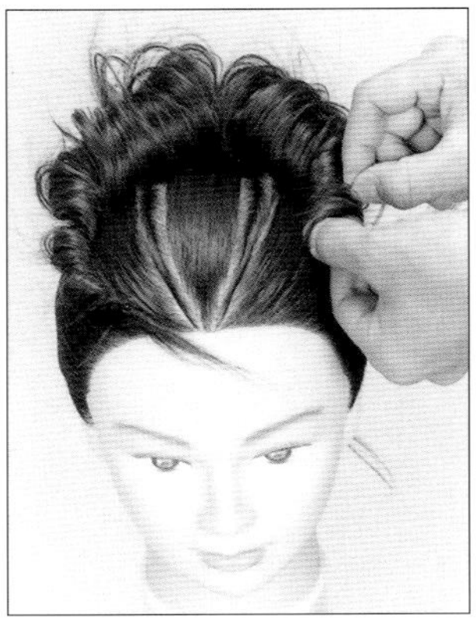

❻逆側も同様に、スクリューを後ろから前に回転する方向で作ります。

❼バックに残したフロントサイドの毛束を、トップのデザインと同調するような質感で、同じようにスクリューで仕上げていきます。

❽ライジングするときには、強調する位置や毛流れを合わせて、スタイリングします。

STYLING POINT

フォワードシェープ

ツーポイント・トップ・スクリューカール

正面から見て、縦に動くスクリュー型(※)のループカールですが、センターを小さくまとめることにより、両サイドに広がりが感じられます。両サイドのカールは、宙に浮いた状態になるので通常なら崩れるところですが、ここでそうならないのは、毛束の根元部分を使用してループを広げているからです。カールの持つ力を上手に生かすことによって、このようなデザインを作ることも可能になります。全角度から見て良いバランスを求めることで、デザインの完成度をより高めます。(※前著「アップスタイリング」参照)

❶ボトムをタイトにツーポイントにまとめ、フロンとサイドの毛束はバックに持っていきます。

❷右側の毛束の根元部分を、毛先をセンター方向に出しフォワード側にひねります。正面から毛流れが縦になるように、外側を広げていきます。

❸広げるときに、毛先側を持つ手を微妙にゆるめたり、締めたりして調整します。

❹止める前に、表面をライズ(＝浮かせる)させます。

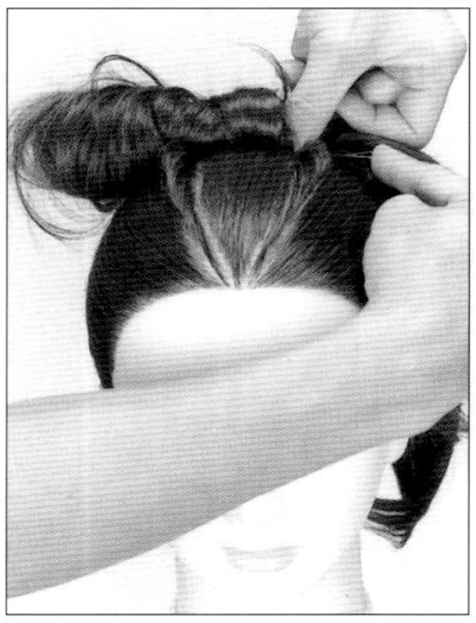

❺ある程度、ゆるんだところや締めたところを作りながら、そのままループ状に止めつけます。

❻逆サイドも同様に行ないます。このとき、センターで両側のスクリューがロール状につながるようにしておきます。ピニングはロールの裏側を平止めします。

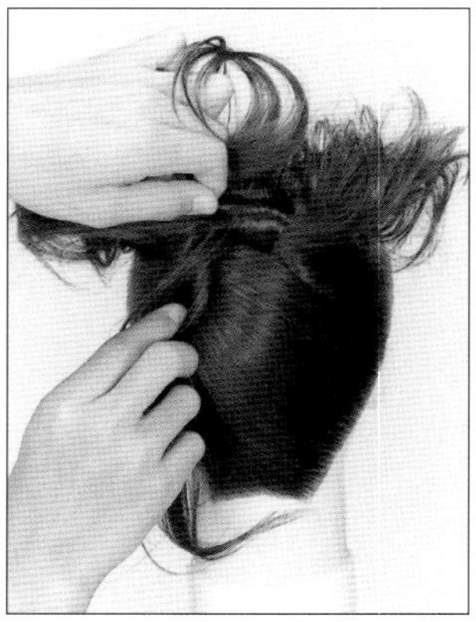

❼バックにある毛束をトップのデザインに合わせて作ります。同時に、トップのスクリューをさらにライズ(＝浮かせる)させていきます。

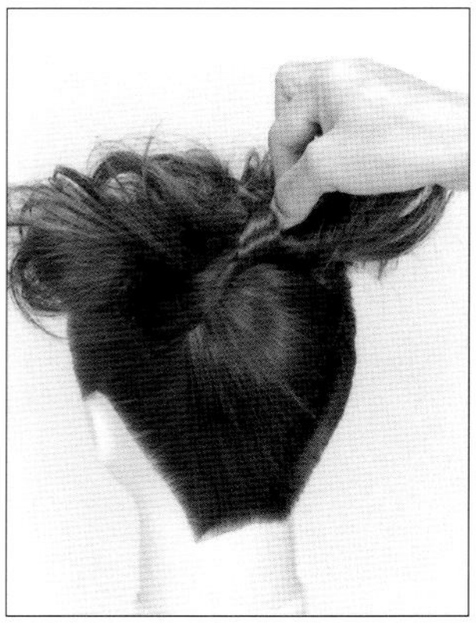

❽残った毛束の根元を、センター付近で強めにひねりながら止めます。

STYLING POINT

ワンポイント・トップ・バルーンシニヨン

イメージを形にするうえで、工夫とテクニックは欠かせません。このようなファッション性の高い非日常的デザインを創作する場合には、創り上げる素材の表情に気をつけて自分なりのバランス感覚を表現すると良いでしょう。たとえばこのように宙に浮いたようなボリューム感を乗せて崩れないようにするためには、そのものを支える幹となる部分に、力強い土台(逆毛)となるものを作ることが必要です。このデザインで表面にやわらかい毛流れが見えるのは、粗歯のコームで逆毛を立ててさらにテールシェーピングで整えたことによって、中が透けて見える表情を作ったためです。

❶一束にきっちりと縛るために、あらかじめ（外側を残して）内側を土台として大きく止めておきます。

❷全体の毛束をいっぺんにまとめます。

❸表面の面を調整します。

❹大きめの粗めのコームで毛束全体に逆毛を立てていきます。

❺毛束を軽くひねって、毛先の部分を根元付近に止めつけます。

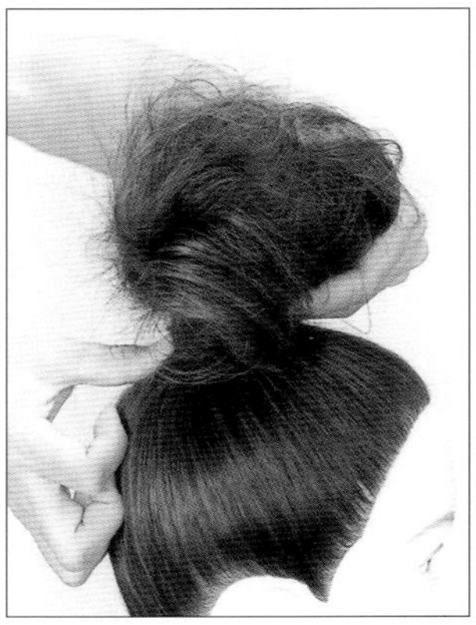

❻毛先のみをしっかりとゴムの部分に巻きつけて、アメピンで止めます。

❼立てた逆毛を、作るシニヨンの大きさに合わせてほぐしていきます。

❽大きさができあがったら、表面の毛をテール・シェープで巻き込んでいき、ボリュームを整えながらハードスプレーで固定して仕上げます。

STYLING POINT

大きくルーズに動くカールは、自然なやわらかさと大きくダイナミックな毛の動きを演出することができます。なるべく逆毛を立てずにひねりを

ワンポイント・トップ・ルーズカール

利用して、カールに力を与えることにより、つやのある大きなカールがランダムに動くようになります。この場合、上手にカールを表現するコツは、あらかじめの仕込みで出したい質感を作っておくことが必要です。

❶バックを一束に高い位置でまとめ、フロントサイドの表面をルーズに仕上げ、ひねりながらトップに持っていきます。

❷ドライファイバークリームとグロスワックスを使い、質感を整え毛束感を出します。

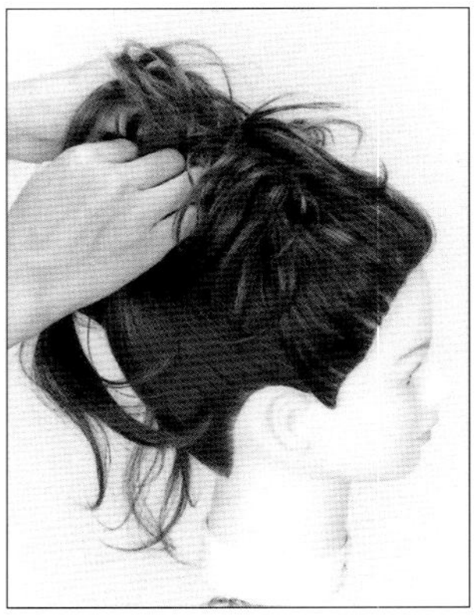

❸手櫛で整えた毛束感をそこなわずに、その毛束の中間部を止め毛先の動きを調節します。

❹全体的には、下から上に上がる動きをベースとします。

❺左手で押さえながら、毛流れを作っていきます。

❻指で押さえたところを止めることにより、その状態をそのまま形にすることができます。

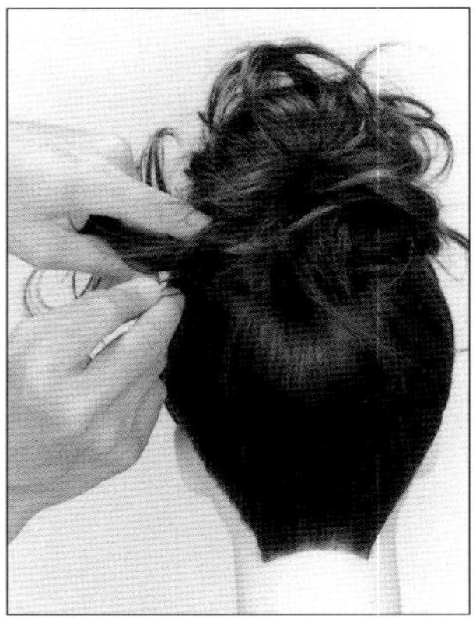

❼長い毛束は根元付近に、しっかりとねじり込んでピニングします。

❽毛束の立ち上がりが弱いときは、ネジピンを毛束にからみつけて強さを与えます。

ノーノット・ムービング・ロールアップ

STYLING POINT

骨格を毛流れの曲線で包み込むようなデザインの夜会巻きスタイルです。毛束の集まるラインやフォルムを強調し、全てのバランスを意識しながら作り上げることが必要です。いろいろな角度から見て、思い描くフォルムを意識してください。毛量や髪質によっては、骨格に合わせてすき毛を入れたり、または土台無しで地肌逆毛のみで創作しても、良いと思います。

❶ミディアムレングスでフェイスラインにレイヤーの入ったシャギータッチのベースにドライファイバークリームを付けます。

❷ボリュームを出す部分と出さない部分や方向性を考え、逆毛を構築していきます。

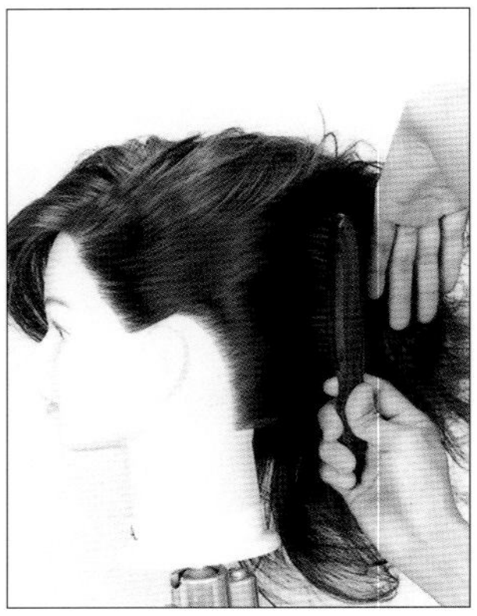

❸中間から毛先を軽くブラッシングした後、フィニッシングブラシで左側からフォルムと毛流れを作っていきます。

❹左側をバックセンターで平止めした後、逆ひねりで外止めします。

❺フロントトップのボリューム感と毛流れを作り、表面のつやを出しながらサイドからバックサイドへスタイリングしていきます。

❻残った毛束全体を左手に持ち、ひねり上げるように左バックサイドの土台の部分に押し付けていきます。

❼表面からきた毛束と、中心でしっかりとつかんでいる毛束両方をピニングします。

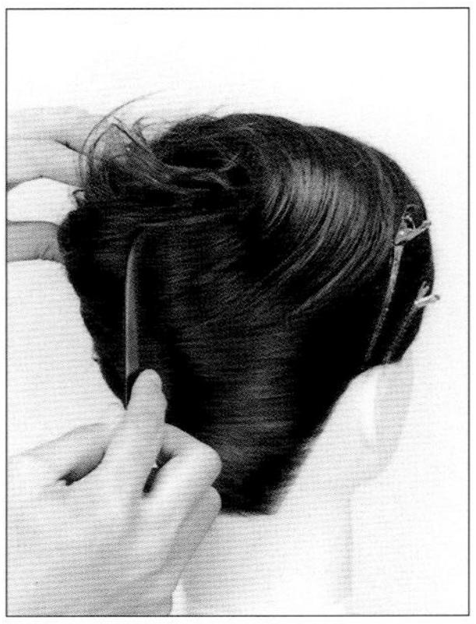

❽やわらかいうねりを損なわずに、渦巻のようなムーブメントをスタイリングします。

STYLING POINT

ムービング・ルーズ・カール

一見、ショートテイストのニュアンスを感じさせるスタイルです。毛流れをフォワード方向に持っていきながら、実際の毛束はリバースの方向にまとめていきます。曲線を描くごとにラインが分かれているところに、毛流れの動きを感じます。バランス良くまとめるには、あらかじめの髪質調整が必要です。毛流れを強調するには、手首の返しによって作られた毛束感を上手に利用していくと良いでしょう。大きな毛流れと、小さな力強い毛流れを上手に配置することによって、スタイルのクオリティーが高まります。たとえば、ここでは一番強く締めつけられたところが耳後ろになっています。つまり、大きく流れてきた毛が、耳横を通り、耳後ろにきたときに一番強くなるようなイメージになっています。その後、ネープに移行するにつれ、また動きがやわらかくなるというように、リズム感を持ってスタイリングすることが大切です。

❶ベースは、フェースラインレイヤーとシャギー感のあるミディアムレングスの前上がりボブです。

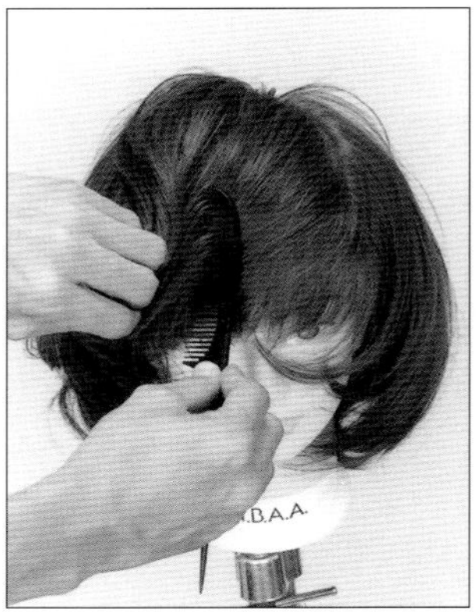

❷全体に髪質調整を行なった後、クラウンからフロント方向に毛流れを出し、前髪をやや長めに右側フロントコーナーでひねります。

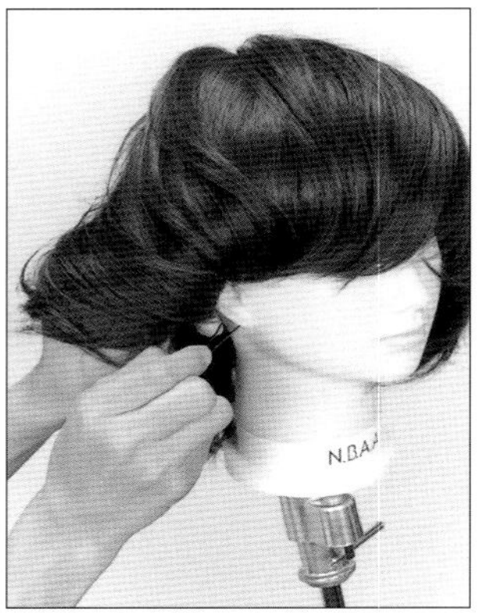

❸表面にルーズな毛流れを出しながら、常に左手で毛束をひねり込み、耳元でピニングします。

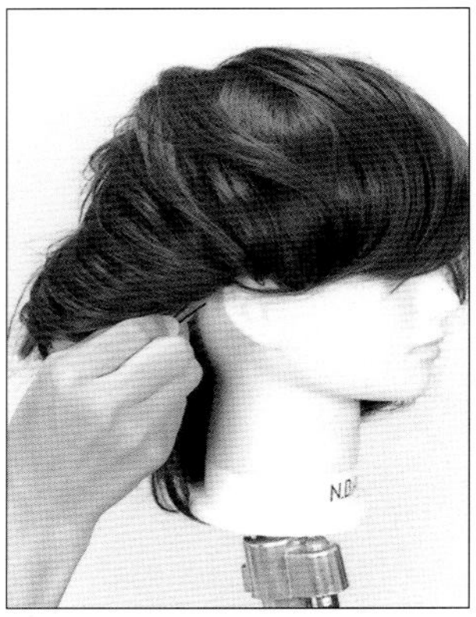

❹サイドビューから毛流れのバランスを整えながら、さらに耳後ろでピニングします。

❺ライトサイドも同様に、今度は右手でひねった後、左手で押さえて右手でピンを差します。

❻タイトにねじったりする場合には、コームのテールも使うと良いでしょう。

❼両サイドからきた毛束を、ネープサイドでピニングしながらまとめていきます。

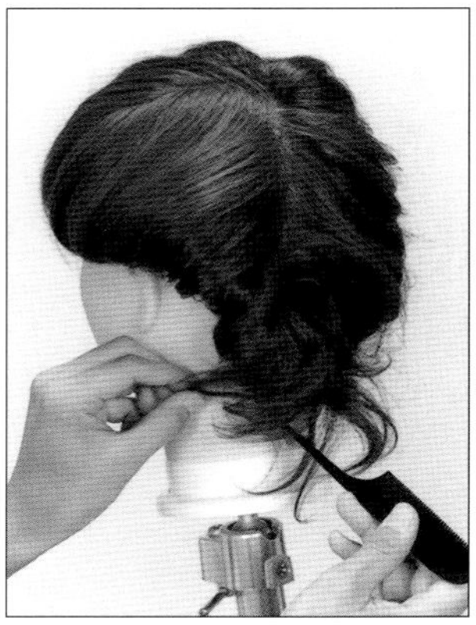

❽毛束をルーズに動かし、ネープで、はわせるようにスタイリングして仕上げます。

STYLING POINT

ショートボブのバングで、ショートレングスに切られたフェースラインを感じさせるスタイルです。フロントが、やわらかくムーブした毛流れが耳横で

ムービング・ルーズ・カール

止めつけられ、その毛先がボブラインを強調しながら、フェミニンなカールを出したところが特徴です。バランスよく仕上げるコツは、顔立ちに合ったボトムのボリューム感を作ることと、Aラインのシルエットのディテールが軽く動くところがポイントです。

❶あご下の、ややシャギー感の入ったボブベースに対し、大きなベースカールをつけています。

❷前髪をすべてねじり込み、フロントの部分で止めつけます。

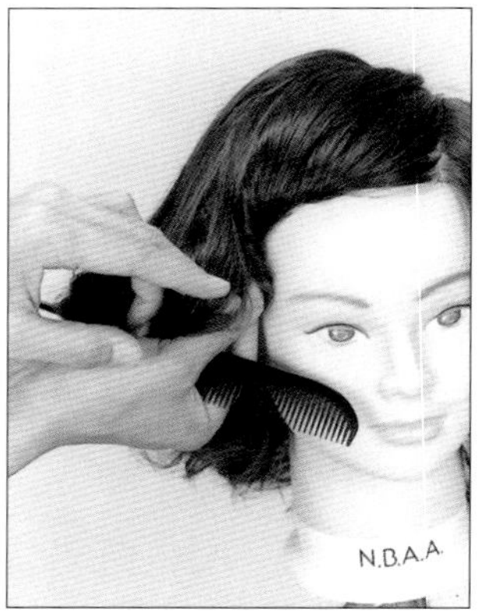

❸そのねじり込んだ毛流れに合わせ、フェースラインを作っていきます。

❹フォワードラインに、ムービングさせた毛流れをフォルムを整えながら耳横でピニングします。

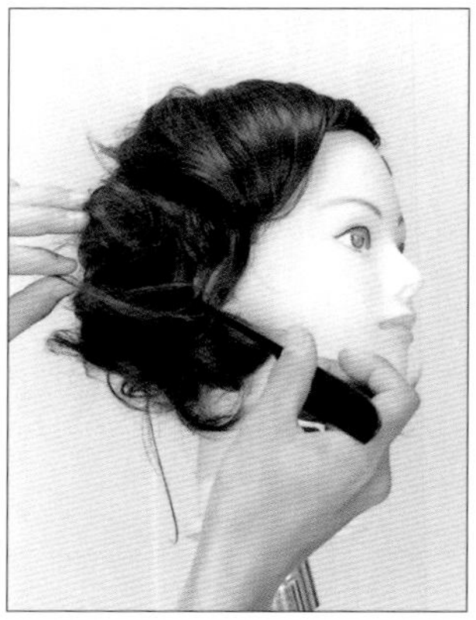

❺バックの髪を大きくとかし、毛流れやカールを強調させるようにスタイリングします。

❻左側も同様に、左手でねじりながら、コームのテールで表面をライズ(=浮かせる)させて表情を作ります。

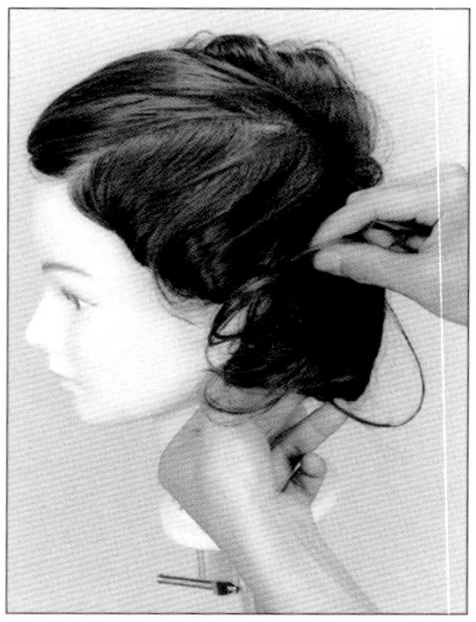

❼耳後ろからネープの毛束は、大きくカールやうねりを出すようにスタイリングします。

❽正面から見えるカールをバランスよく仕上げます。

ムービング・ルーズ・インサイドロール

STYLING POINT

パートのラインを、ややあいまいに分け取ることで大きくついた毛流れが表面に締まりを感じさせています。スリークなボトムに仕上っていることで、デザイン性を高めています。上手に仕上げるコツは、表面の毛流れがルーズでいながらも、ていねいにとかしつけられ、均一なテンションを持たせることです。また、インサイドロールにまとめられた面の表面を、ていねいに仕上げることです。フォルムは歪みやすいので、バランスに気をつけましょう。

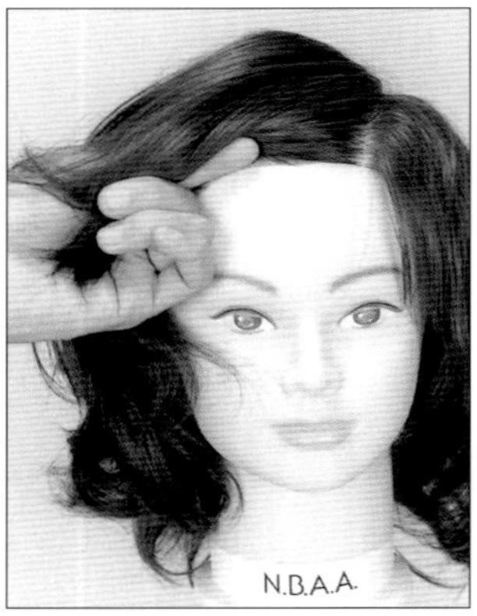

❶全体に髪質調整を行なったうえで、フロントから内巻きにねじり込んでいきます。

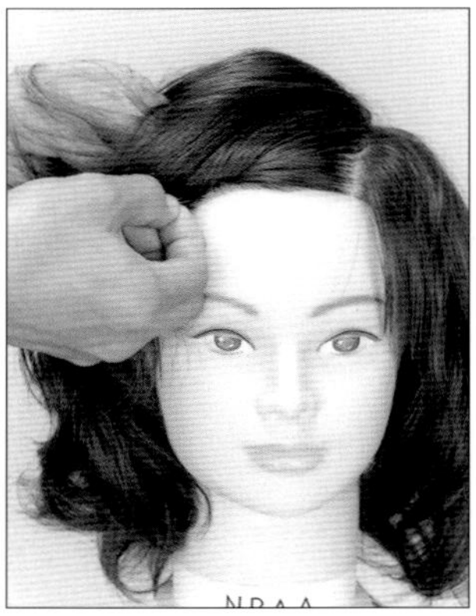

❷生え際ぎりぎりのところで、スモールピンで止めます。

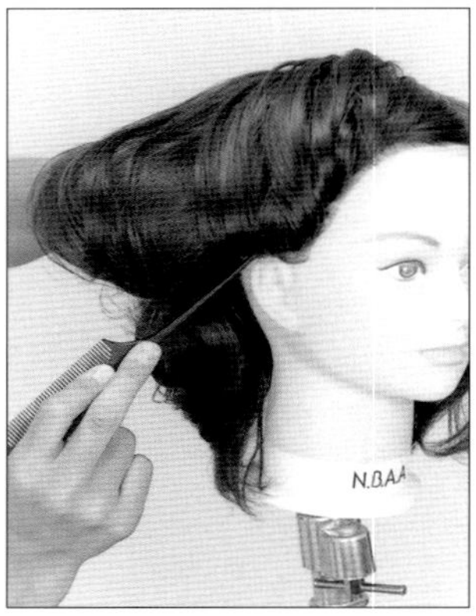

❸左手に毛束がすべて巻きついた状態で、右側のコームや指先で毛流れを整えていきます。

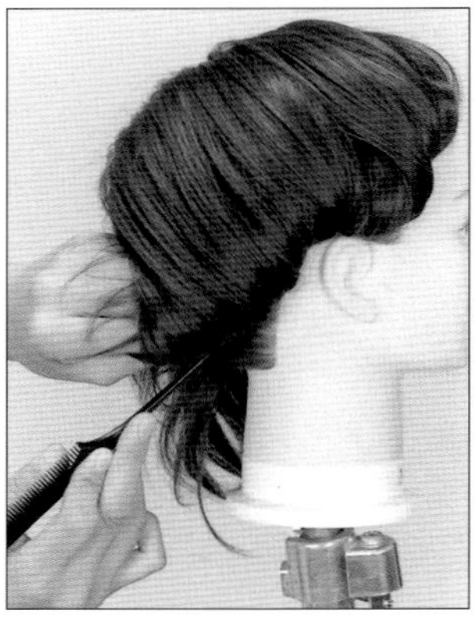

❹量感を調節しながら、生え際ぎりぎりを通って内巻きにねじりこんでいきます。

❺衿足は極力タイトにするために、毛量をためないようにします。バックの表面の毛流れが、バランス良くムーブするように整えます。

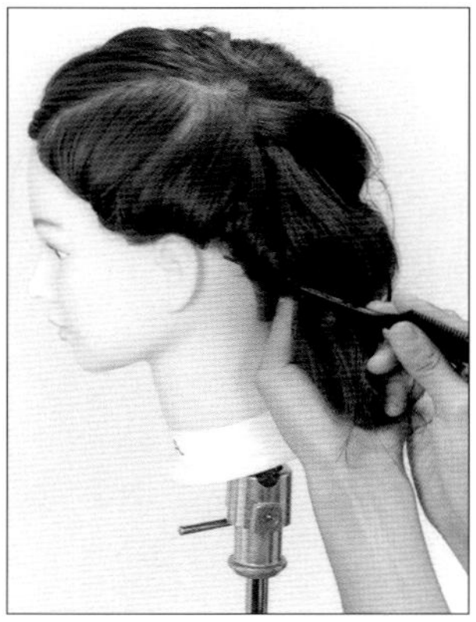

❻左側も同様にねじり込んでいきます。

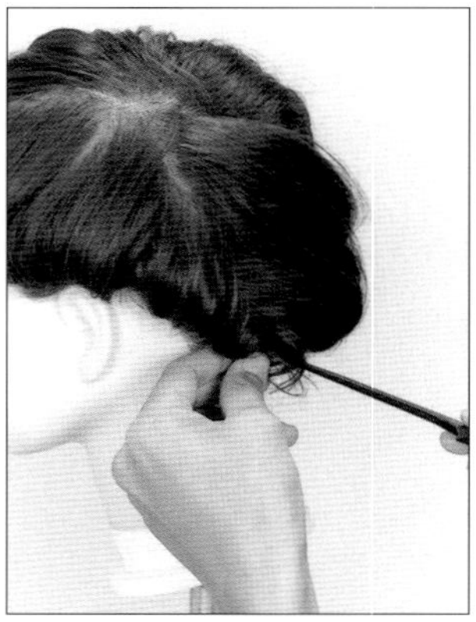

❼右側は毛量も少ないので、ピニングは、わりと楽に行なえます。

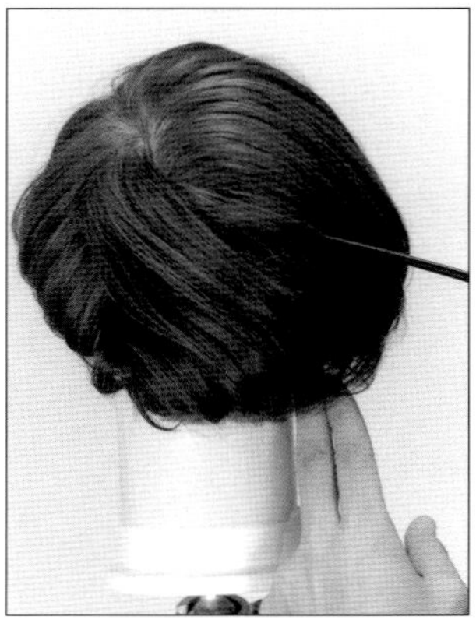

❽全体のフォルムと毛流れを整え仕上げます。

ツーポイント・トップ・カール

STYLING POINT

空気感のあるイレギュラーカールを上手に仕上げるコツは、動かすカールの長さを10～15センチ以内に押さえること、毛束の量を不均一にさせること、カールの大きさを変えることなどが挙げられます。毛先の方向性をコントロールするには、曲がろうとする方向をコームシェーピング(形づける)によって変化させます。

❶ツーポイントにまとめられた毛束に対し、目の粗いコームを使い、ひねりながら引き出すようにカールを出していきます。

❷根元付近はしっかりとねじり込み、外側は薄くピニングします。

❸さらにカールを引き出しながら、毛先は根元に巻きつけて止めます。

❹不規則なカールを作るために、ルーズに引き出しながら止めていきます。

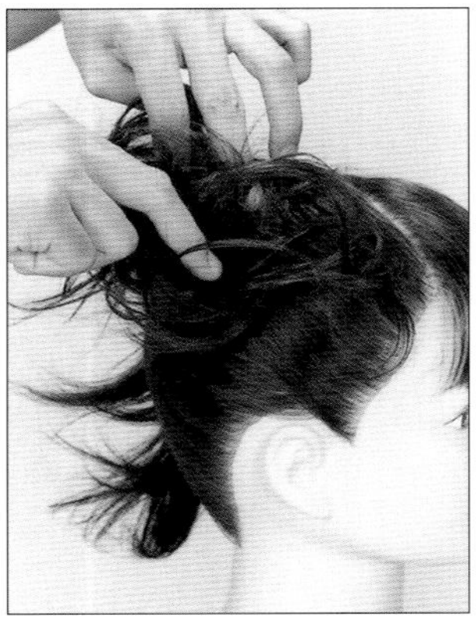

❺ボトムを小さく見せるために、カールに空気感を与えます。

❻逆側も同様な動きでまとめていきます。

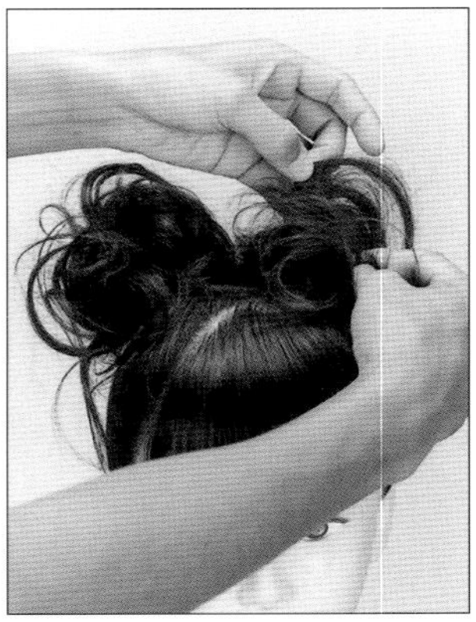

❼全体のバランスを整えて仕上げます。

STYLING POINT

斜めにシェープされたショートバングの動きに合わせて、トップのイレギュラーなカールの動きと毛先の方向性が、カジュアルな表情をつくり、や

ツーポイント・トップ・サイド・カール

やくせ毛のような崩れた毛流れが全体をやわらかく見せています。髪質は人によってさまざまな個性を持っていますが、その素材をいかにコントロールするかによって、無理のない自然にフィットするデザインが生まれます。

❶バックとフロントサイドを、シンプルに重ねてまとめます。

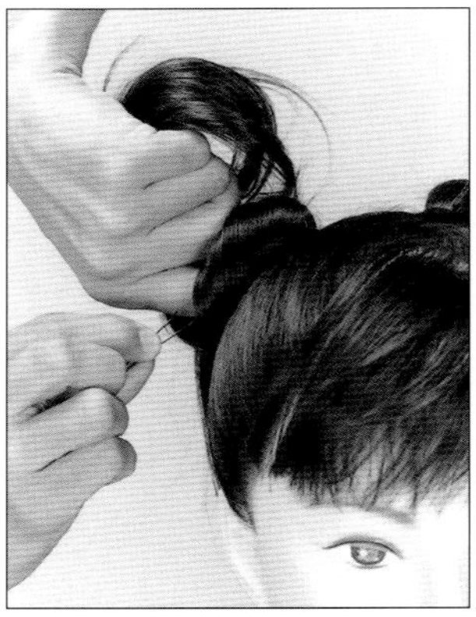

❷短い毛束を残し、後ろから前へ流れるフォワードカールを作りながら、毛束の裏をアメピンで平止めします。

❸カールの方向性で求心的なかわいらしさを出し、毛先をフェースラインの方にひねっていきます。

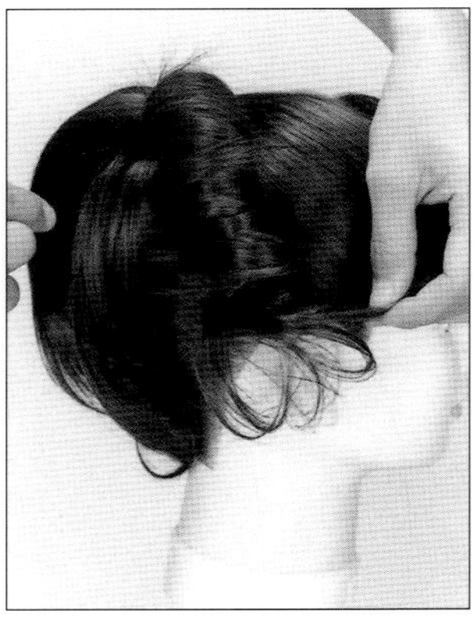

❹毛先はやや長めに残し、細めの束感を生え際あたりで動かします。

❺カール全体を、メリハリを付けたバランスで仕上げていきます。

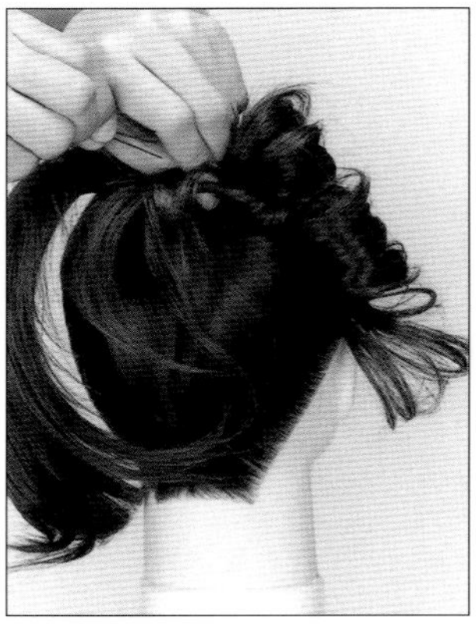

❻残した短い毛束を、リバース方向にひねり、同じテイストのカールで、バックの広いボトムをカールでおおいかぶせます。

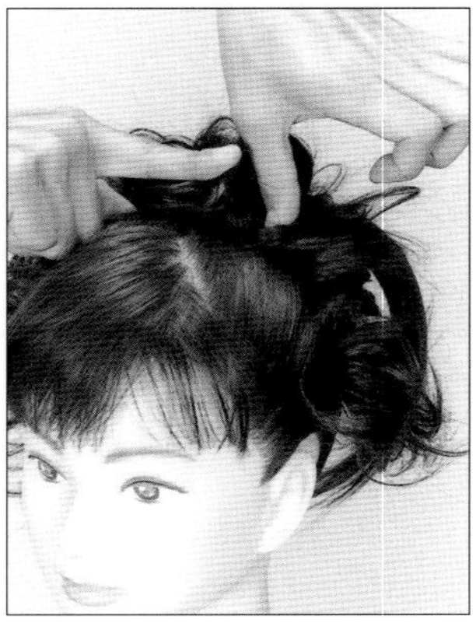

❼逆サイドも同様に。

❽毛先のテイストはやわらかく動くように、スタイリング剤をつけすぎないように気をつけます。

STYLING POINT

短く切られたバングを斜めにとかし、やや額をのぞかせたカジュアルな雰囲気の表情に対し、サイドやバックの表面は前髪の質感と同調するように仕上っています。高い位置にまとめ上げること

ワンポイント・トップ・カール

によって、生き生きとした表情が強調されます。さらにそのトップでまとまった毛先の動きが、前髪の表情と全体の雰囲気を象徴するように、ラフでカジュアルなテイストを出し、可愛いらしさのバランスをとっています。カジュアルな感覚=ラフというわけではなく、髪質の出し方や毛流れ、動きというものが重要なポイントなのです。その人の持つ個性を生かしたカジュアルテイストを自由にデザインで表現できると楽しいと思います。

❶表面を、ややルーズにフィンガーシェープで一束にまとめます。

❷サイドも同様に、やや毛流れにラフさ加減をプラスし、ひねりあげてトップでまとめます。

❸まとまったスタイルを後ろから見たところです。

❹トップの毛束をフォワード方向にひねります。

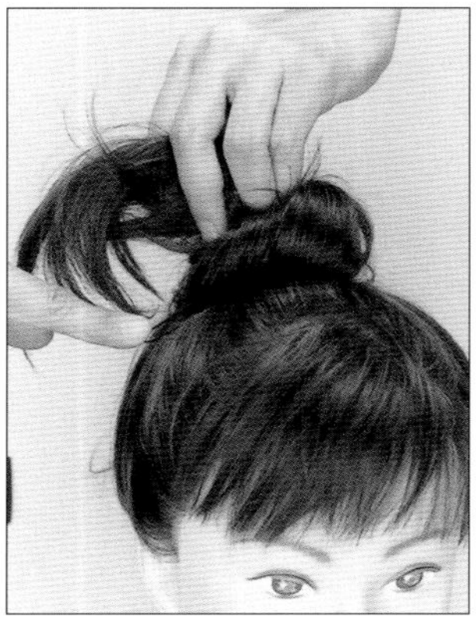

❺ひねられた外側をピニングします。

❻毛束をラフにねじり込み、毛先を根元のゴムの位置まで入れ込んで止めます。

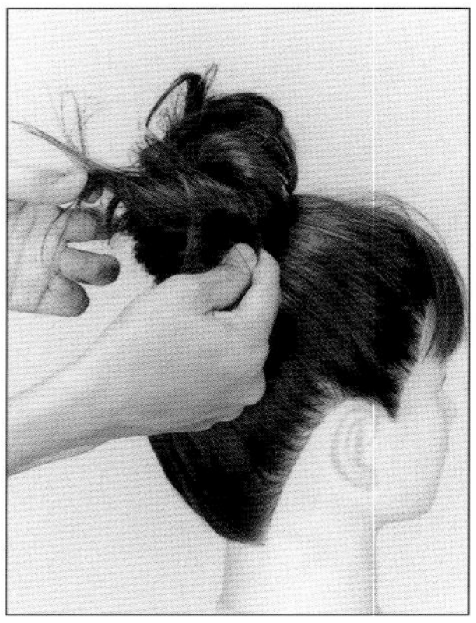

❼軽くひねられた毛先を崩しながら、ランダムな動きを演出します。

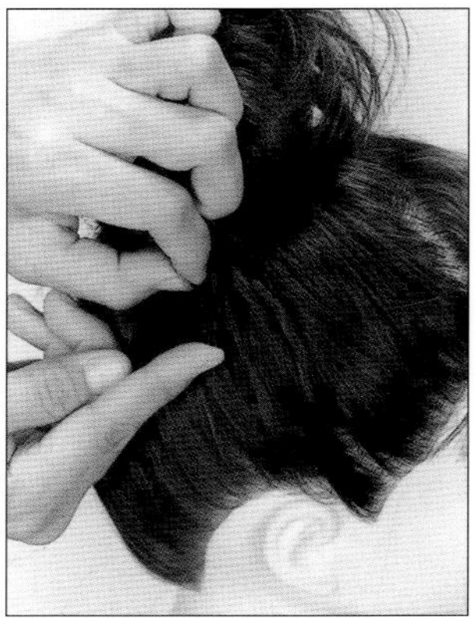

❽サイドの表面を適当にねじり、スモールピンで止めます。

STYLING POINT

フェミニン・エレガント系のテイストをそのまま生かし、ラフにひねり上げてトップからやわらかく落ちるウエーブカールが特徴のスタイルです。上手

ワンポイント・トップ・ウエーブ

に仕上げるポイントは、あらかじめ髪質調整をし、フロントの毛の立ち上がりと毛流れ、毛先のカールの大きさを調整することが大切です。小顔に見せるためにも、毛流れのポイントとなる位置を目線のラインまたは、ほほのラインまで下げてくると良いでしょう。サロンワークに取り入れやすい、人気のスタイルです。

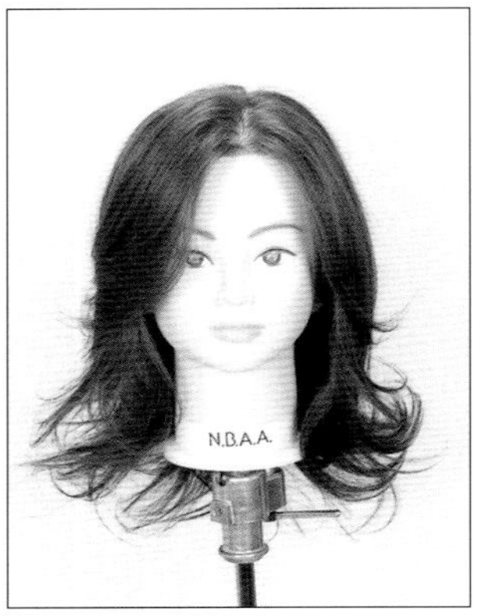

❶ フェースラインは、やや長めのレイヤーで、全体にシャギー感のあるフェミニン系カールを出しています。

❷ フロントの流れを作っている髪を分け取っておき、バックの土台となる毛束を大きく分け取ります。

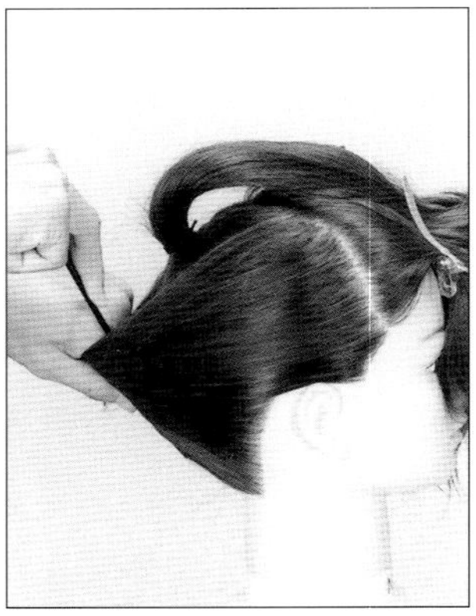

❸ 残ったサイド、バックの毛を一つに持ち、テールで押さえつけながら、ひねりあげて止めます。

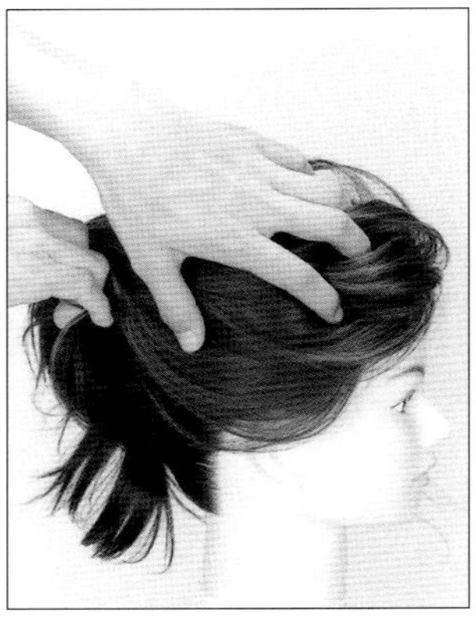

❹ フロントに残した髪を、フィンガーシェープで仕上げ、

❺ バックのひねり上げた毛束にあわせて止めます。

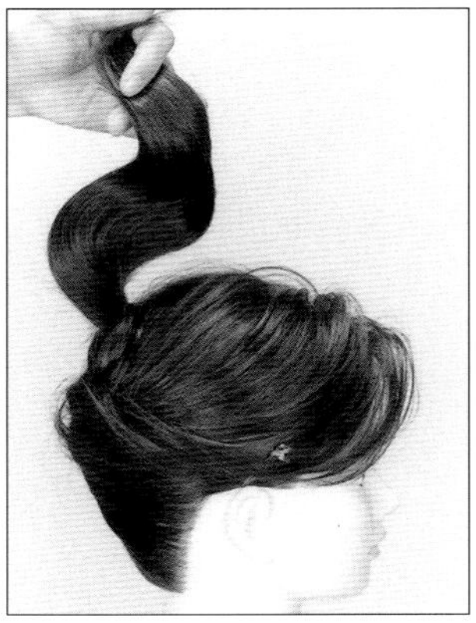

❻ ボトムが仕上った状態です。

❼ トップに残った毛先を、ひねりながら二つに分けます。

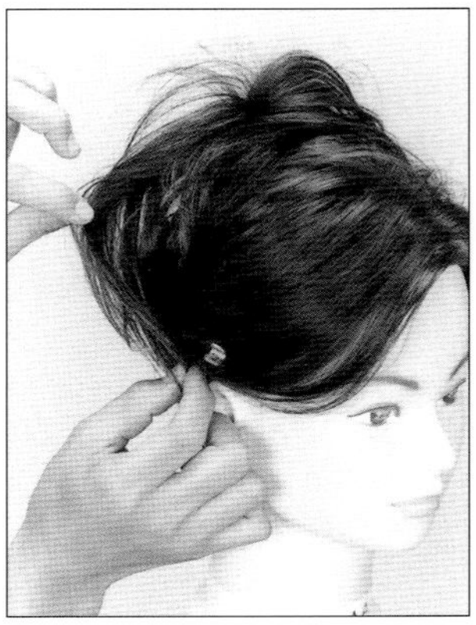

❽ 両端に残した毛束を、やわらかいフェミニンな動きでウエーブをつけながら仕上げます。

ワンポイント・クラウン・カール

STYLING POINT

やわらかさを出したボトムの方向性をクラウンでまとめます。大きくふたつの毛束の中間部を使い、量感調整を行なったうえで中間部から毛先の動きでソフトな動きを表現します。この場合のスタイルは、ややクラシカルなエレガントテイストを出しています。カールのデザインをコントロールするコツは、根元から毛先にいたるまでのカールの動きに統一感を出すところです。カールの方向が下向きにならないように注意するとデザインが長持ちします。毛先は半転ひねって方向性を変えます。

❶バック土台の表面の毛束を二つに分け、サイドの毛流れを一番後に縛り、三つの毛束を作ります。一束の側面で三つの毛束を作ります。

❷前の毛束をフォワード側にひねりながら、大きさに注意しながらまとめていきます。

❸ひねった毛束でループカールを作るために、ねじりを広げます。

❹広げた毛束をランダムにねじり込みます。

❺二つ目の毛束は、中間部でボリュームを調整しながら、アメピンで止めます。

❻毛束の長さと動きをコントロールしながら止めます。

❼長めに残した毛先を使用して、さらに方向性を横動きにずらし、毛束の多いところをボトムに止めたりして量感のバランスを整えます。

❽ボトムに近いところの量感が整ったら、表面に浮くような束感を作ります。

STYLING POINT

髪質や毛流れ、フォルムを変えるだけで、さまざまなテイストのファッションに合わせることのできるフロントにボリュームをもたせたポンパドール・

フロント・ポンパドール

スタイルです。ここでは、グロスワックスを多めにつけて毛面の割れを出しながら、リーゼント風にタイトに仕上げており、クールな印象を演出しています。たとえば、サイドの毛流れを、やや低めにし、ポンパドールの毛先をきれいにとかしつけると、和風にもなりますし、フロントとサイド一緒にまとめあげると、袴スタイルのデザインにも合ってきます。

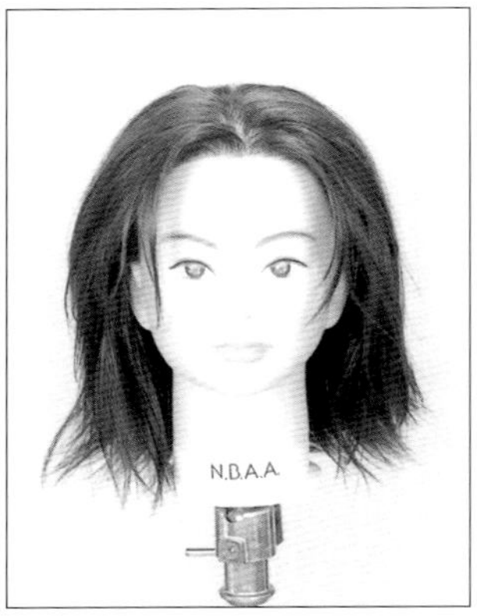

❶ミディアムレングスのシャギー系ボブスタイルがベースです。

❷骨格に合わせたバランスでパートラインを取り、左後方に低めにシェーピングします。

❸ゆるみや割れが出ないように、テールでコントロールしながらひねり込んでいきます。

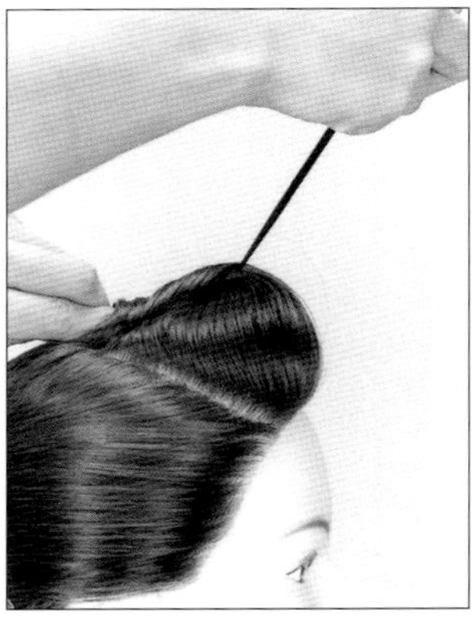

❹左手で前方にプッシングしながら、フロントにボリュームを出し、ひねった部分はさらにねじり込んで外止めします。

❺サイドはタイトシェープで、毛流れに注意しながら半転ひねって外止めします。

❻横から見たシルエットや毛流れを調整します。

❼耳後ろもタイトにシェープし、つまむようにひねって止めます。

❽バックから見た毛流れに大きな動きを加え、細かいディテールまで注意して仕上げます。

STYLING POINT

フロントとサイドの方向性を同調させ、ねじられたテイストを出します。ここでは分け取りラインや、ねじった毛束を不正確にすることによりラフな印象を与えています。むずかしいボトム作りもなく誰でも作れるプロセスなので、取り入れやすいスタイルです。上手く仕上げるコツは、ボトムを小さく仕上げることです。毛量の多い人に対しては、特にしっかりとねじり込んで毛の量を調節します。バランスの良いところにボリュームを残し、フォルムに気をつけて仕上げます。

ツイストボトム

ワンポイント・トップ・ルーズカール

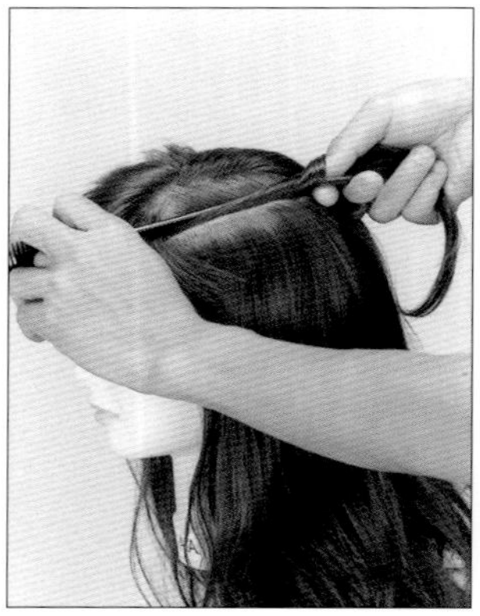

❶わりとルーズに、ずれた感じでねじりをサイドに入れていきます。

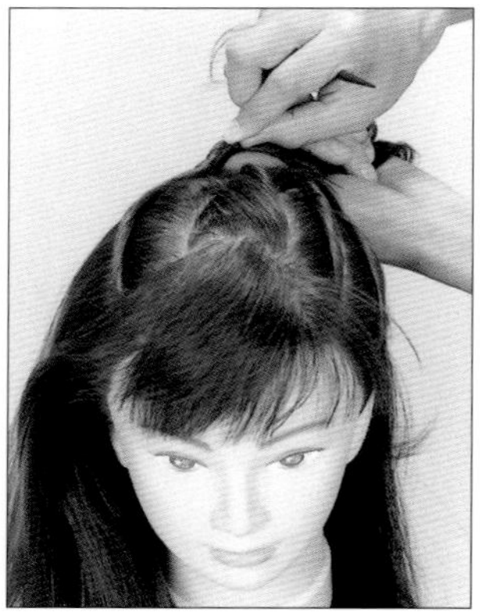

❷土台に止めるのではなく、ねじられたベースに対しピンを外止めしていきます。

❸サイドまでルーズにねじった毛束と、クラウンまでの髪全体をひねり、クラウンに止めます。

❹ネープの表面をルーズにねじりながら、

❺クラウンの毛束に止めつけます。

❻逆サイドも同様にひねり上げた後、毛先の動きを整えながらボリューム感を調節します。

❼前髪と毛先の動きに合わせ、ねじられた毛先の動きも調整します。

❽飛び出す毛先の量を少量にすることにより、まとまり感を出します。

タイトシェープ・ムーブウェーブカール

STYLING POINT

リーゼント風にも見え、アバンギャルド（前衛的）なムービングスタイルです。一見ラフに見えるスタイルも、生え際からの毛流れでメリハリをつけたボトム作りは、ていねいなシェーピングや狙った指使いで作り出されなければなりません。さらに、バックの毛先で毛流れを強調するように、前方までタイトに引き出すことによって、毛流れが際立っているところが感じられます。力強い躍動感のある動きを演出するには、しっかりとしたベース作り（ 髪質作り）が必要です。毛先のカールの大きさなど、乾燥したやわらかいウエーブやクリクリのカールでは、また違ったイメージになるでしょう。

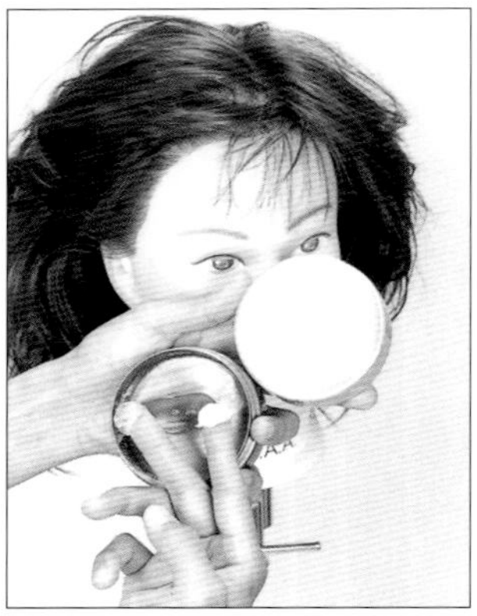

❶ ミディアムレングスのレイヤースタイルに大きめのカールを施し、たっぷりとドライファイバークリームとグロスワックスをつけます。

❷ フロントをセンターに集めるように、地肌近くをずらしこみながらひねっていきます。

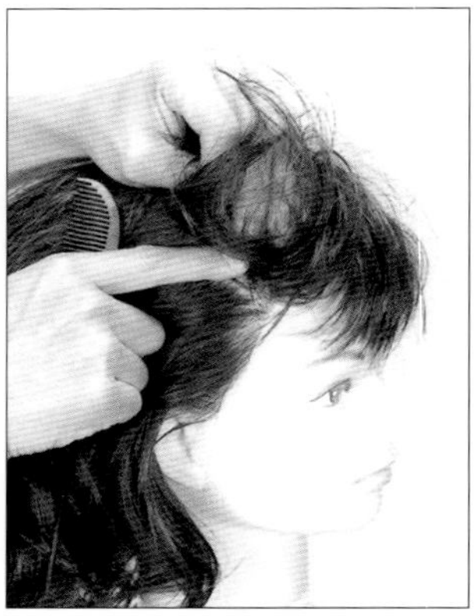

❸ 1回転ひねりあげたところで、戻ろうとする毛束をスモールピンで止めます。

❹ サイドをタイトシェープして、表面はややイレギュラーにテンションをずらして、引き上げトップに近い位置で止めます。

❺ 毛の流れのバランスを見ながらイレギュラーに分け取り、センターにひねりながら止めていきます。

❻ センターでひねった部分をしっかりと持ちながら、ネープまでしっかりと止めつけていきます。

❼ ボトムのボリューム感にメリハリをつけながら、ポイントとなる毛先の動きに方向性をつけていきます。

❽ 束になっている部分や動きの鈍いところは、逆毛を立てながら前後にずらして、シルエットを意識してピニングしていきます。

STYLING POINT

一見、くしゃくしゃに崩れすぎたように感じるデザインのスタイルです。バランス良く見せるコツは、統一感のあるボトムと毛先の質感や、

スクラブツイスト・ムービングカール

イレギュラー(不規則)でもバランスの良い毛先の方向性と、スタイリッシュに見せるシルエットを作ることにあります。ここでは、グロスワックスをたっぷりつけたことによって、全体的に均一な、つやのあるねじり込みをボトムに見せながら、ドライファイバークリームで引っ掛かりのできた毛束を、擦りながらねじり込む束感を作りながらスタイリングしています。グランジ・テイストのデザインは、毛をスクラブ(擦る)させることで質感を出しやすくします。ポイントを押さえておけばデザインは無限に広がるでしょう。

❶ショートからミディアムレングスのレイヤースタイルです。

❷ドライファイバーワックスとグロスを、手のひらで混ぜてよくつけます。フロントからイレギュラーにベースを取り、ねじり込んだボトムが見えるように止めていきます。

❸フロント側を耳元までイレギュラーに取りながら、フォワード方向にひねり止めていきます。

❹逆サイドも同様に。

❺ボトムで止めた後の毛先が、スクラブさせながらループを描くように止めてあると良いでしょう。

❻そのまま耳後ろまで進んでいきます。

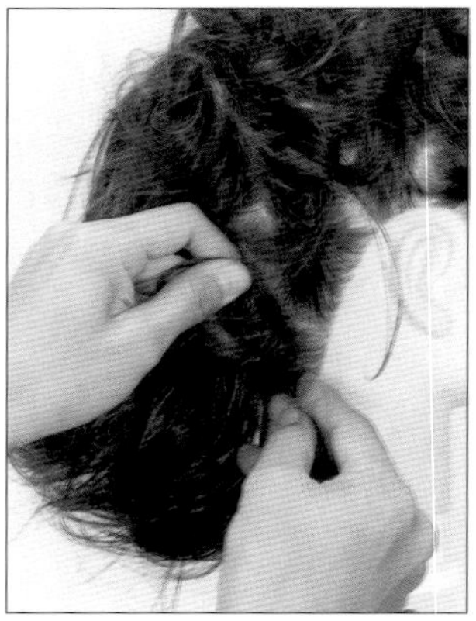

❼ベースが大きくならないように注意します。

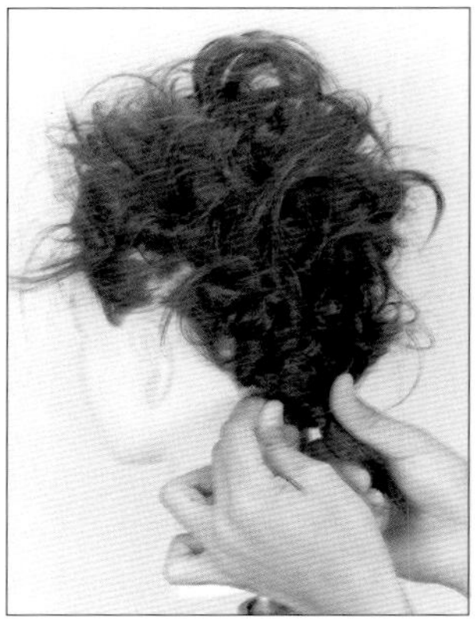

❽量感の調節をしながら、ボトムをきっちり止めます。残った毛先は、さらに指先でスクラブしながら、イレギュラーな方向性をつけて仕上げます。

STYLING POINT

バック=背合わせ

ワンポイント・トップ・ボリューム

バックがセンターで分けられ、その両端が本夜会風にボリュームを出しながらまとめられているところに特徴があります。これは「背合わせ」といって、本夜会(※)の背中を合わせた形で、抱き合わせの逆になります。ひねられることによって、方向性が分散されるので逆にそれを生かしてサイドの毛流れもツイスト状にし、表面に、はわせてあります。毛流れやボリューム感を特徴とするボトムのデザインなので、ここではトップのポイントもボリューム感を強調するだけにして落ち着いた感じに仕上げています。(※前著「アップスタイリング」参照)

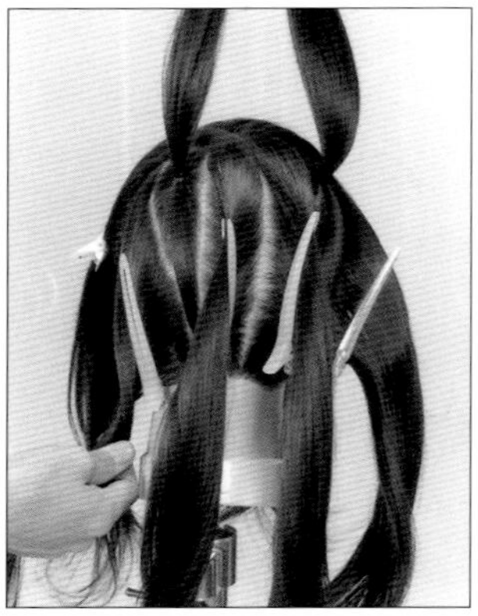

❶ イヤー・ツー・イヤーに分け、バックはセンターに分け取ります。さらに、左右のバックサイドの中心を土台として分け取ります。

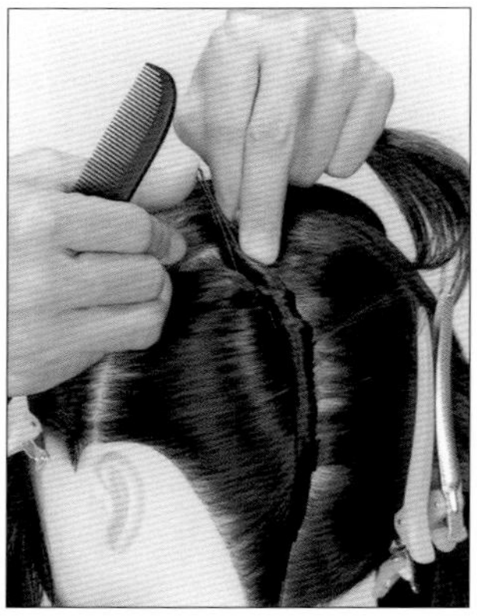

❷ 本夜会(※前著「アップスタイリング」参照)を作る要領で、片側を平行止めし、ねじり上げて外止めします。

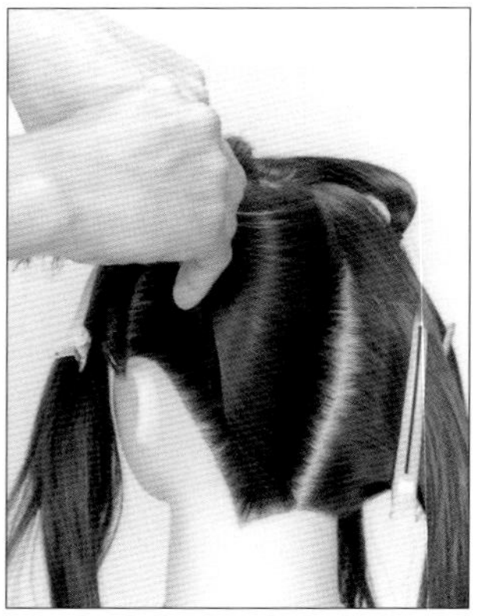

❸ すき毛を置き、テールインで巻き込みます。

❹ 逆サイドも同様に、

❺ ネジピンを隠しピンとして使い、すき毛とすき毛とをはさみ込むことによって、センターを合わせます。

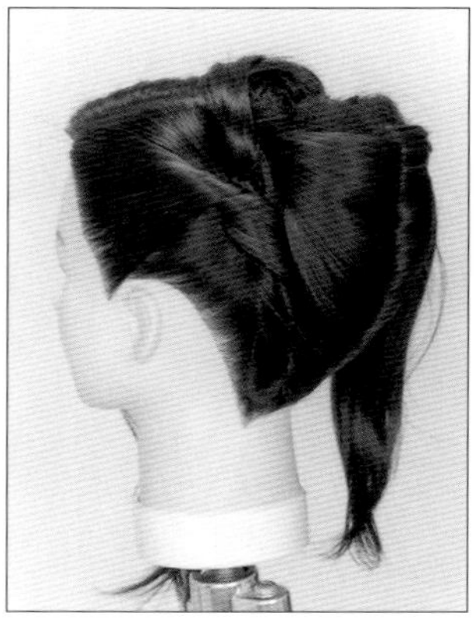

❻ サイドの毛束は、巻き込まれたラインにそってツイスト状に毛束をはわせて、毛先はトップに出します。

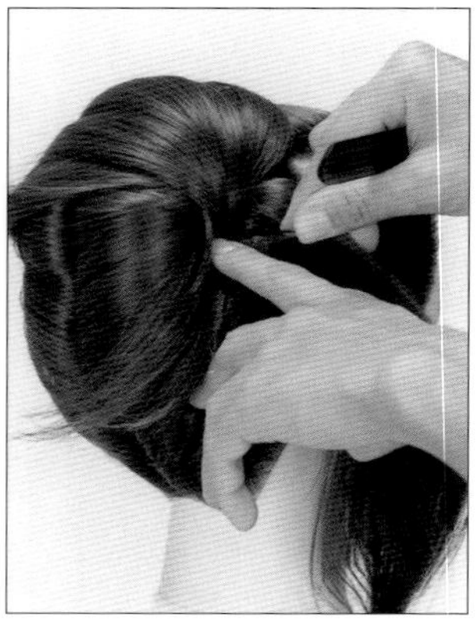

❼ ツーポイントに分けられた毛束を、トップに平面に重ねてボリュームを出し、ひねって止めます。

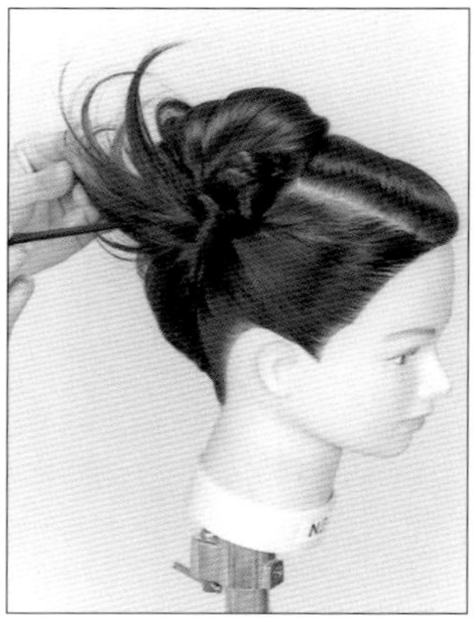

❽ その毛先をさらにトップの毛流れにそわせて、バランスを取ります。

デザインを創造する上で 2

固定観念を捨て地球規模で人間を見つめよう。
環境や歴史、美しいこと、大切なことが見えてくるだろう。

心は弱く流されやすいもの、愛を忘れずに価値観を築けば、
そこにはグットなファイナルイメージが浮かび上がり、
人とのコラボレーションにおいて
新しい発見と人生の概念が見えてくるだろう。

強く生きなければいけない。

それは強く出るのではなく、負けない心を築くこと。
人に勝つことを目的とせず、自分に勝つことを大切にする。

何がいいのかわからなくなったら、原点に戻る。
原点とは日々成長する人生の概念である。

本来、ヘアデザインは人の上に成り立っていて、
作られた画像の世界のそれは
今日また違った価値観を築いている。

社会環境の中での美容師として、ひとつの文化の創造者として、
大切な事を見失わずに生きていきたい。

STYLING POINT

毛流れとフォルムを意識した、シンプルな面構成のデザインです。フロントの毛流れとトップの毛流れの違いが、くっきりとついたコントラストで分かります。曲線を描く毛流れは、手のひらで毛面をつぶさないように仕上げることが、自然な質感で仕上げるコツとなります。もみ上げの部分を分け取って、表面にラインを入れることでシンプルな広めの面構成に締まりを与えています。毛先を中に入れ込まなくてもバランスの良いループカールであれば、デザインをこわすことなく全体にマッチします。フォルムを上手に作るコツは、逆毛をバランス良く入れることです。

フロント・サイド　フローライン・タイト・スリークシェープ
バック　ロールアップ

❶ フロントとサイドを少量分け取り、クラウンにかぶせてくる毛流れをトップで分けておきます。

❷ バックの中心を平面ループ土台でまとめ、全体に毛流れの方向性を安定させるための、地肌逆毛を立てます。

❸ 左サイドをバックで平面にまとめ、もみ上げの部分に残した毛束で表面にラインを入れます。

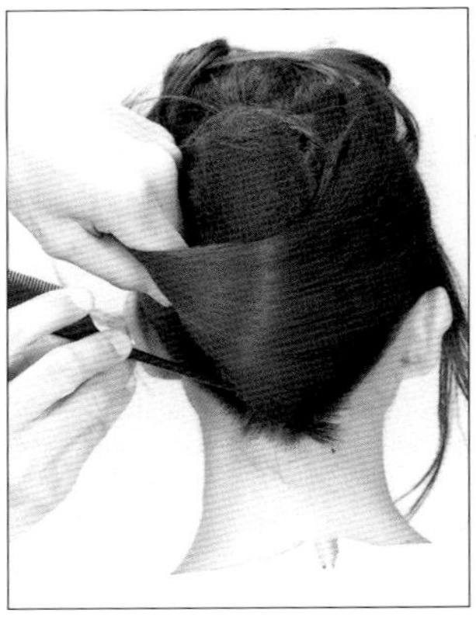

❹ トップを残した右サイドをバックまで引き込み、毛束の中心に配置したすき毛の左側面にテールで入れ込みます。

❺ 右サイドのもみ上げ部分の毛束を使い、毛流れにアクセントを加えます。

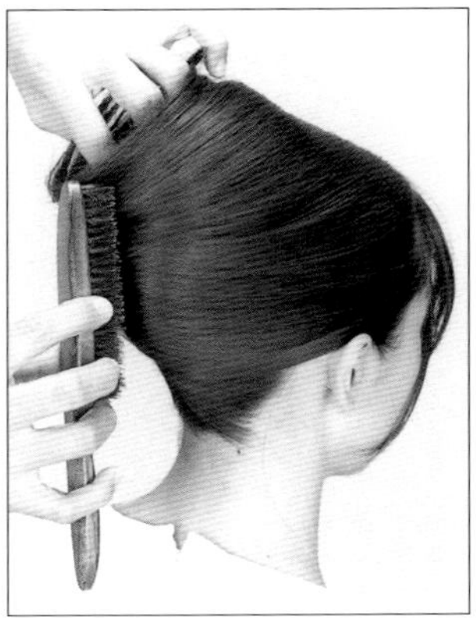

❻ フロントからトップの毛束にも、根元に逆毛を立てて全体の毛流れを意識しながら、クラウン部分で渦巻状にまとめていきます。

❼ 曲線を描きながらテンションをかけ、左バックサイドに毛先をループ状にまとめます。

❽ フロント部分はフォルムに合わせた毛流れを作りながら、毛先を表面の毛流れに入れ込んで仕上げます。

STYLING POINT

スリークな素材とレースを組み合わせた、気品のあるドレスのムードに合わせ、シンプルなボトムと大きめのバイヤスシニヨンで構成してあります。

トップ バイヤスシニヨン
フロント・サイド タイトシェープ
バック 本夜会

毛流れを強調し、きっちりとしたフォルムを出したドレッシーなデザインです。
フロントのストレートに下げたラインとクラウンで動かしているラインで全体のバランスをとっていまが、重要なのはフォルムです。ディテールとしては本夜会の面など、全体に櫛目を入れ、力強い躍動感や、勢いのあるシェーピングでスピード感を出しています。
シニヨンは微妙なバランスや、毛流れ、質感の違いで、合う、合わないがはっきり出てしまうとても難しいデザインです。スタイリングにあたり、ボトムとポイントとなるシニヨンや動かす毛先に統一感を出すことが最低条件となり、衣装やモデルとのトータルなコーディネートも必要です。基礎技術だけでは、クオリティーは上がりません。

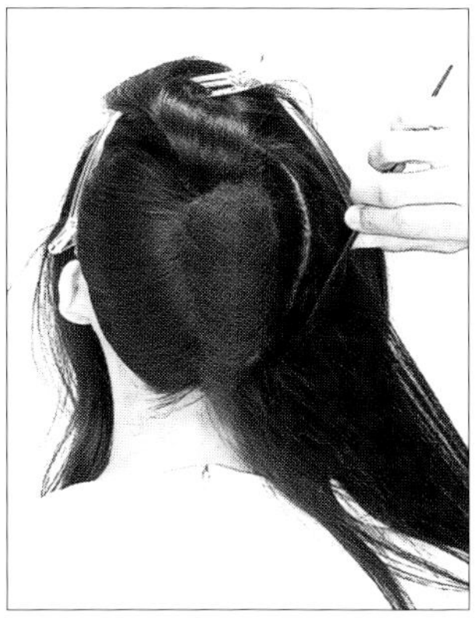

❶全体を前後に分け、一束土台を作り左バックサイドを平行止めした後、逆ねじりで外止めし、にんじん型のすき毛をセンターに置き、右バックサイドに地肌逆毛を立てます。

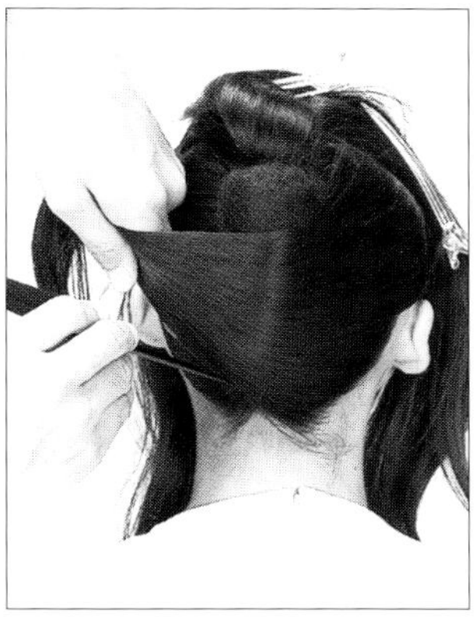

❷本夜会※を作る要領で、右バックサイドをすき毛に巻きつけテールインで毛束を入れ込みます。このとき平行にシェープするのがコツです。

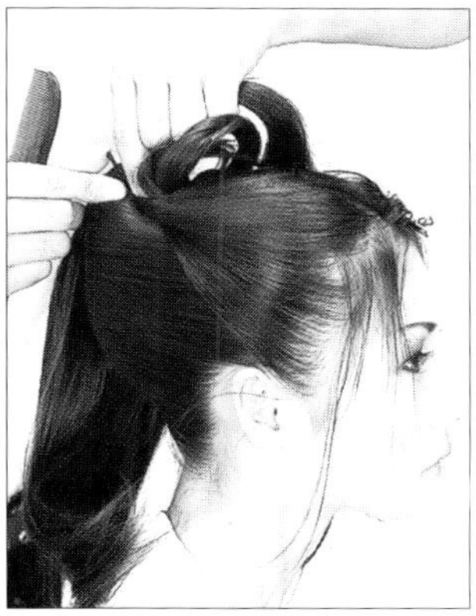

❸前髪を少量残しフロント・サイドを2つに分け、サイドの毛束を平面タイトシェーピングで、毛束の中間部を内側ひねりでピニングします。逆サイドも同様に。

❹やや、やわらかめの形を整えたすき毛を毛束曲げゴム止めした上に、ネジピンで止めつけます。

❺リバース方向にシェーピングし、右側からすき毛をカバーします。

❻フロント側をカバーしたあと毛流れが崩れないように丁寧にシェーピングして、内側ひねりで毛束を集めて、仕上げていきます。

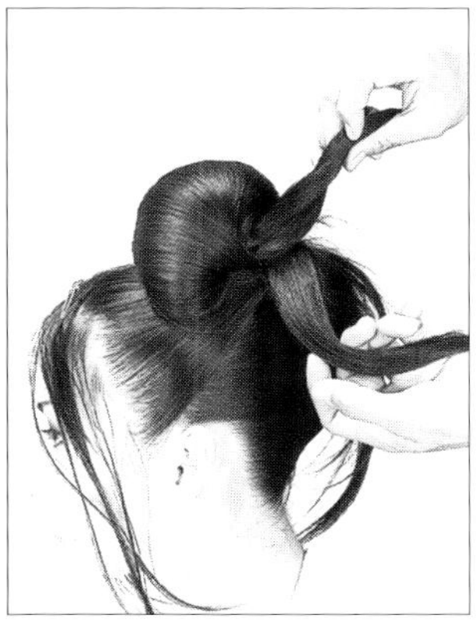

❼シニヨンはネジピンとアメピンでしっかり止めます。残った毛束を整えて。

❽全体のフォルムを崩さないように毛流れと質感を合わせ、毛束の長さと動きをコントロールしてディテール(細部・細かい面)を仕上げます。
(※前著「アップスタイリング」参照)

フロント・サイド　タイトシェープ
トップ・クラウン・ネープ　ワンポイントシニヨン（リバースシェープ・スクリューカール）

STYLING POINT

トップからクラウンにかけて高さを強調した、高貴な感のあるエレガントスタイルです。シニヨンの高さや毛流れが特徴で、ここではシニヨンの毛先をフォルムを崩さずに、スクリュー状のカールを作り横に動かして仕上げています。フロントサイドは、ネープのカールと調和を取るために、同じようなツイスト状のカールをパートのところへ配置してあります。

❶イヤー・ツー・イヤーで前後に分け、バックの中心に一束土台を作り、フォルムを補正するすき毛を乗せて表面に土台の毛束とは別に一束に結わきます。表面の毛束は、毛束曲げゴム止めを下方向に施しておきます。

❷フロント部分に曲線を描きながら、パートを取り根元の土台の毛束部分に止めつけます。

❸面の部分を強調する上で、パートの部分にツイスト・スクリューカールを配置します。

❹面の部分と、スクリューカールの部分とを交互にして、センターに集まるように毛流れを整えピニングします。

❺フロントサイドからきた毛束は、土台の毛束とバックの毛束の間に、平面ループカールでまとめておきます。さらに土台の毛束にも毛束曲げゴム止めします。

❻クラウン部分に形を整えたすき毛を置きます。

❼バックの表面の、毛束の長さを調整します。この場合、ねじり込んで短くしています。

❽すき毛に土台の毛束をかぶせ、やや毛流れを強調させながらバックの毛束ごとひねりながら止め、さらに全体をスクリュー状に回転させながら止めつけていきます。

STYLING POINT

フロントからトップにかけて大きくアシンメトリー(非対称)な、面構成のボリューム感を逆毛で出し、ロール状にひねりこんで曲線を強調しています。逆毛で作る

フロント・トップ ボリュームロールシェープ
バック ルーズカール・ウェーブ

場合は、フォルムや毛流れを容易に変化させることができます。サイドはタイトシェープにすることで、フロントから巻き込んだ毛流れが、夜会巻きのような巻き込みが強調されるところもデザインのポイントのひとつです。バックは、高い位置から不規則な動きでルーズなカールとウエーブを使い、フロント・サイドとは対照的な動きを作っていますが、質感を統一することで調和をとっています。大胆なアシンメトリーなバランスがフロント部分にあるので、バックはあまり派手になりすぎないように仕上げることが、品のあるスタイルにつながります。

❶フロントの部分は、ワイドで奥行きのある毛束を分け取り、バックの土台を一束に結わきます

❷バックサイドをネープ付近で一つに結わき、下方向に毛束曲げゴム止めをします。

❸フロントの部分に逆毛を立てます。このとき、特にフロントの右コーナー後方部に多めに逆毛を立てます。

❹左手人差し指を中心にねじり込みながら、毛束の裏側を平止めしていきます。

❺毛束はセンター方向にロール状にまとめ、毛先はロールの中にしまい込んでピニングします。

❻バックの毛束をトップに引き上げ、毛束を大きくルーズに動かします。

❼毛束の中間部をひねり、ボトムに止め付けます。

❽ネープ側の毛束も同様に動かし、根元のゴム止めをした部分は、少量の毛束をかぶせて隠します。

3 ヘアデザインは“心”の表現だ

女性が美しく輝いて見えるのは、いつ、どんな時なのだろうか。
純粋無垢な子供時代、身体のバランスがとれている若い時、
恋をしている時、仕事が上手くいっている時などいろいろ考えられる。

その人の心を少しでも感じたとき、
美しい瞬間とは“心”の美しさであることがわかる。

何故ならば、その日に美しく映る姿…表情、仕草、言葉、声などと共に、
ヘアスタイルやメークアップが、ごく自然な感じに溶け込み、
内面からの美しさがそこに滲み出ているのを感じられるからだ。

美容の仕事は人のデザインである。
しかしながら、それはビジュアルだけでは語れない。
ヘアデザインもファッションも“心”の表現であり、
パーソナリティーそのものと言える。

自分の心をPUREにすること。
それは世代を超えて人の心が見えてくる鍵となる。

その人の“心”を感じられるようになれば、自然と、美しいフォルムや
デザインが見えてきて、創り出されるデザインは、
永遠に無限になるだろう。

トップ ツイストループカール
サイド タイトシェープ
バック ツイストアップ

STYLING POINT

フロントビューに大きく引き出されたループカールと、小さく引き出されたカールが、ねじり込まれて止められ、その毛先が外はねに流れを作っているデザインです。バックビューは、フロントの毛流れをバックにも感じさせるため、同じ方向性で立ち上がりをつけながら、ひねってまとめています。ここでは、トップの毛の量や長さを調整するために、あらかじめ中間部をねじり込むなどして、長さをコントロールすることが必要です。フロントに大きなインパクト(影響力・効果)のデザインがあるため、サイドやネープはタイトに仕上げてあります。ブライダル・ヘアとして使うためにも、正面からのデザインにポイントを置いています。小振りでシンプルなウエディング・ドレスで大きなティアラが合わない人でも、髪の動きやバランスで華やかに見せることが十分可能です。

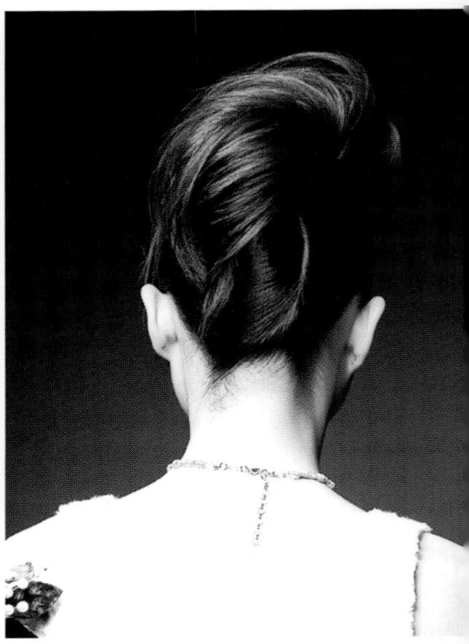

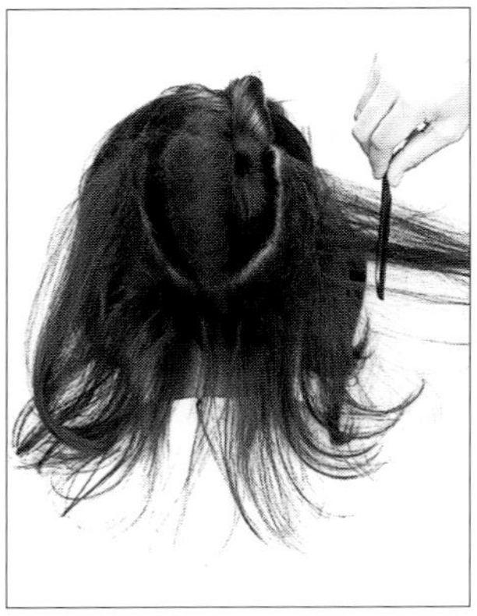

❶全体を前後に分け、バックの土台の毛束の位置をやや右にずらし、センターににんじん型のすき毛を縦に入れます。

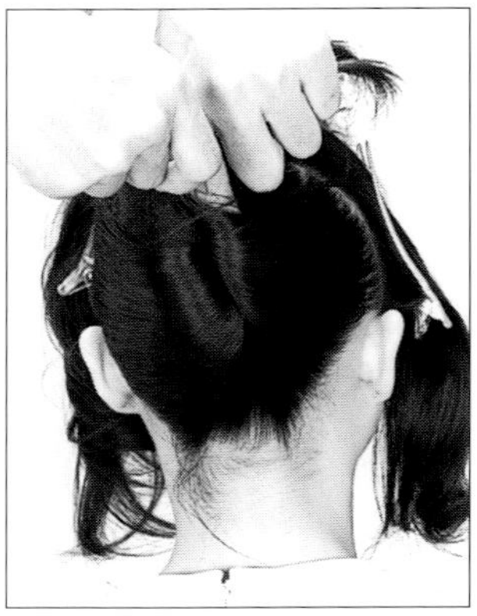

❷バックの毛束を、コームのテールを使いながらひねり上げてまとめます。

❸サイドをバックのひねり上げた毛流れに合わせるようにひねり、まとめます。

❹左サイドは毛流れを変え、すき毛の上にかぶせてひねってピニングします。

❺フロント部分は、前髪を少量残し、その後ろの部分をやや前方にひねり込みながら、毛束をループ状に引出します。

❻バランスを見ながらひねり込んだ毛束を、フロント部分でピニングします。

❼フロントビュー(正面から見た状態)のバランスを見ながら、毛束の量感を合わせていきます。

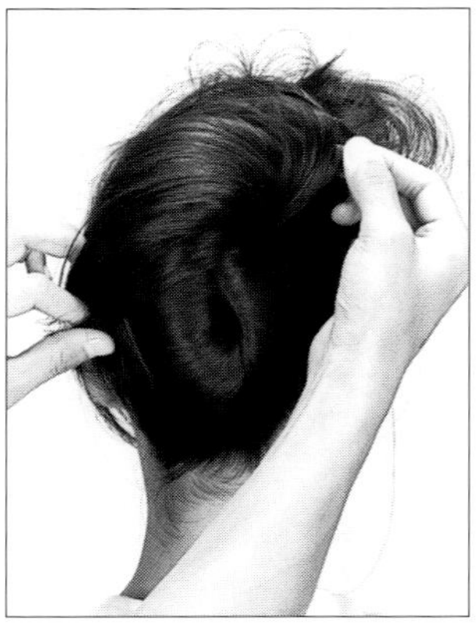

❽サイドとバックおよび土台の毛束を使用し、フロントのデザインに合ったシンプルな毛流れを出して仕上げていきます。

フロント・トップ　# ソフト・ポンパドール

バック　# ルーズカール(分け取り系ボトム)

STYLING POINT

フェミニン(女性的)なフィーリング(印象)のデコルテ調のドレスに合わせ、フロントを、ややルーズテイストのポンパドールに仕上げています。バックからの毛流れを、フォワード方向に流すことによって、正面から見たときのインパクトが少し強くなります。サイドの毛流れも、フロント方向に、やや返されることによって、毛流れとボリュームが調和されます。ボリューム感を高い位置に作ることによって、首元や肩に落ちる細い毛束が、さらにやわらかく感じられます。このように量感をコントロールすると、全身でとらえたときの衣裳などとのバランスをとることができるようになります。毛先はすべて入れ込むのではなく、ランダムに解き放って動かすことが大切です。動きは常に下から上に上がる力を毛束に残しておくことが、持続性のあるカールスタイルを作るポイントです。また、ランダムとはいいながらもカールは意識的にバランス良く配置しなければなりません。

❶フロントサイドを少なめに分け取り、バック部分はトップとなる毛束を多めに、ネープに行くにつれ、徐々に少なくなるよう毛量を分け取り、ネープを除いてゴム止めします。

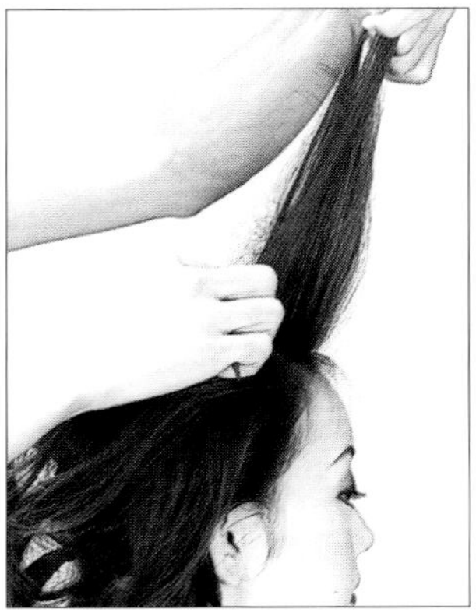

❷フロント部分にボリュームを出すため、根元部分に逆毛を立てます。

❸フロントをひねって、やや低めにプッシング・ポンパを作り、サイドの部分はフロントのボリューム感に合わせひねりあげて、高い位置でまとめます。

❹トップの毛束をフォワード方向にひねり、ピニングします。

❺ 毛束の中間部をラフに動かしながら、毛先がフロント方向に向くようにまとめていきます。

❻ボトムのボリューム感を作るために、毛束の根元付近に逆毛を軽く立てます。

❼残りの毛束を使って、バックビューでのランダムなカールの動きを演出しながらピニングします。

❽ネープに残した毛束は、左右にクロスしてひねりながら毛束をずらし、ウエーブを出して仕上げます。

トップ 平面・変形ループカール
サイド イレギュラータイトシェープ
バック ツイストアップ

STYLING POINT

フロントとサイドに、ややイレギュラーなボトムを作り、トップのルーズなスクリューカールと調和させているデザインです。この場合、バックスタイルをシンプルな面構成に仕上げることによって、ルーズな質感のカールがきれいに整ったように感じさせてくれます。カールの回転する方向をコントロールすることによって、毛流れを強調することができます。額をきれいに見せる上でも、フロントからのフォルムに気をつけて仕上げると良いでしょう。

❶前後をイヤー・ツー・イヤーで分け、バックの中心に一束の土台を作り、センターにフォルムを整えるためのすき毛を置きます。バックの表面は、テールを内側に入れながら、ひねり上げてまとめます。

❷フロントサイドは、表面の毛流れをややイレギュラーにムーブ(ずらす)しながら、ひねり上げてセンター方向で止めます。

❸フロントサイドからきた毛束は、土台の毛束の後ろにクロスして止めておきます。

❹毛束の後ろにすき毛を置き、表面をずらします。

❺すき毛を前方に押し倒しながら、毛束をひねって止め、そのひねり加減と毛流れの方向を整えていきます。

❻フロントサイドの毛束を、バックの毛束のカールの回転や方向性をトップの毛束と合わせながら仕上げていきます。

❼長く残った毛束を利用して、表面に、はわせるように毛ピンで止めます。

❽トップのカールの毛流れをフロント側に引出し、サイドビューのシルエットを整えて仕上げていきます。

STYLING POINT

フロント・サイド　フローライン・スリークシェープ
バック　ツイストアップ(ひねり上げ)

フロントからトップにかけて曲線を描くようにスリーク(つやのある・なめらか)にまとめられた、エレガント・セレブ系スタイルです。デザインのポイントは、サイドの毛流れの違いをしっかりと見せながら、やや落ち着いた感のあるシルエット(髪型の輪郭線)に仕上げています。ショートヘアをアップスタイルに仕上げる際は、毛先の動きをコントロールして長い髪のような毛流れを作り、バランスの良いボリュームを、すき毛もしくは逆毛で作ることが求められます。また、バックのひねり上げは、右側でひねり上げても、その逆でも構いませんが、抱き合わせのような毛流れで入れ込むと、美しく見えます。毛面は、手のひらシェープを多用すると毛流れは見えなくなり、つやのある面だけがフォルムを演出することになります。

❶バックに逆毛を立てた後、ひねり上げをするために、小さめの土台を作ります。

❷センターにすき毛を入れ、フォルムに注意をしながらシェーピングします。

❸バック全体を一つに持ってひねり上げながら、すき毛の右脇に止めつけます。

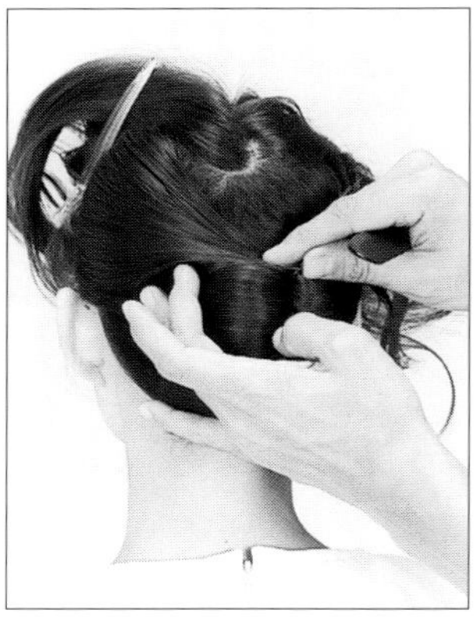

❹サイドに切り替えしラインを入れるために、耳後ろで1ブロック、スリークにシェーピングして止めておきます。

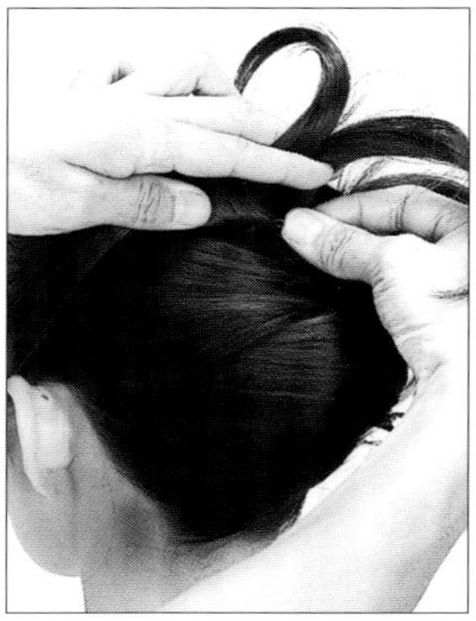

❺フロント部分を残したヘビーサイドの髪をスリークにシェーピングし、トップの高い位置でひねった後、裏側を平止めします。

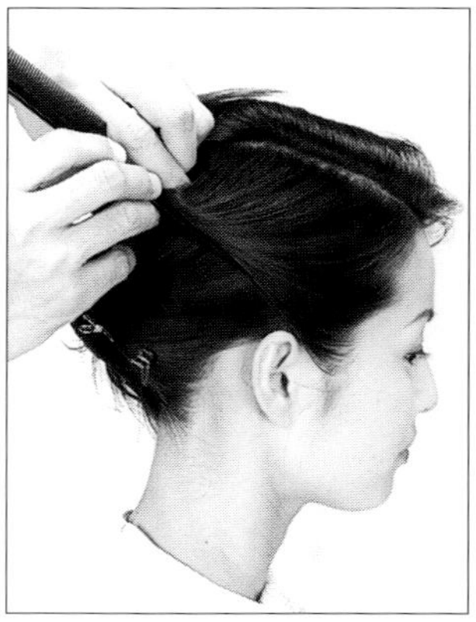

❻ライトサイドも同様なラインを見せるために、やや内側ひねりで止めていきます。

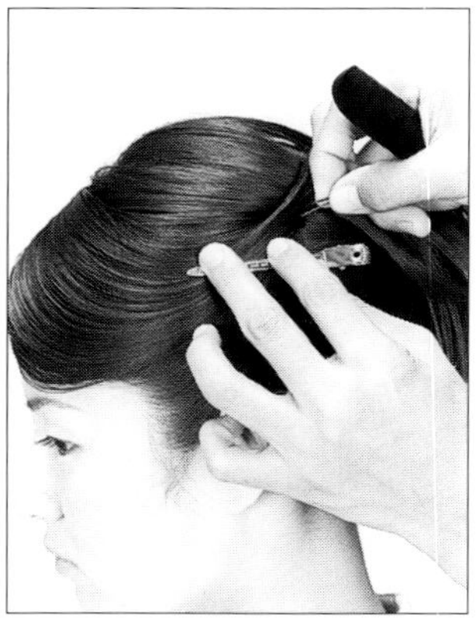

❼残したフロントの毛束を、毛流れがつながるようにシェーピングして、ひねって外止めします。

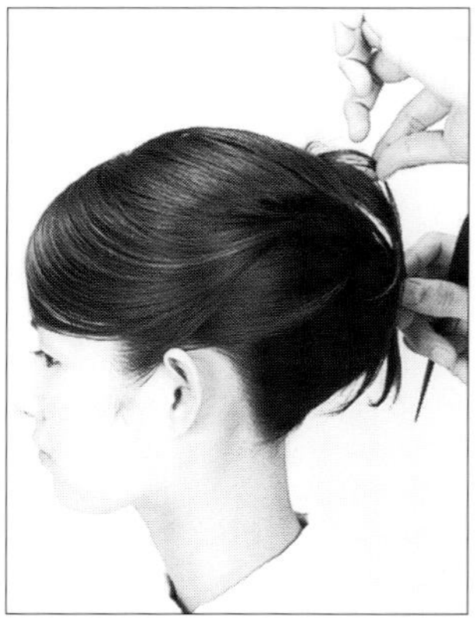

❽残った毛先は、ボリュームと毛流れを作りながらループ状(輪・弧・環)にまとめて仕上げます。

幸せを創る スタイリング 4

美容師としての幸せでもある、お客様が幸せになるスタイルを創りたい。

それは、満足感のある、納得のいくスタイル。

輪郭や骨格、髪質、肌質、ボリュームなど、素材的なことや
その人のもつムードやオーラ的なフィーリングや、イメージ的なこと。
環境や時代、生活背景、好みや願望など考えられるすべての面を
全身のバランスでとらえて行く。

人間にはいろいろな人がいる。
そしていろいろな人生がある。
だからいろいろなデザインがあっていい。

個性を　容(かたち)にするのもいい。
願望を　容(かたち)にするのもいい。

自分のもつ価値観を高め幅広い感性を養い、
そして自分らしく表現していく・・・

心の眼で人を感じ、髪を感じる、手のひら、指先で髪をリードする。
その毛流れ、フォルム、シルエット、バランスはとても難しい。
それは何を持って良しとするかの基準が、価値が、とても尊いところにあるからだろう。

しかしながら、人の心はどこまで進化、あるいは衰退するのか。
そして、美容はどこまで心を支配しているのだろうか。

それでもデザインはさらに進化し続け、人の心を揺らすだろう・・・

STYLING POINT

トップに大きくルーズにまとめられたシニヨンは、ブライダルなどの装いにも使え、毛の動きや大きさ、質感などで顔立ちの美しさをさらに強調させ

フロント・サイド タイトシェープ
トップ ワンポイント・シニヨン（表面ライジング）
バック 重ね夜会

ることができます。ここでは、前髪を全体のバランスに気をつけてまとめたことにより、顔立ちをきれいに見せ、トップのシニヨンとの調和をとっています。また、シニヨンの大きさの決定等、計算された比率のバランスを常に当てはめるだけではなく、たとえば、やわらかさはややマイナスとして捉え、力強さは、ややプラスとして捉えていくことにより、シルエットやそのデザインに対するフィーリングがよくなっていきます。髪の質感を、肌の質感、衣装の素材感などに調和させることが完成度を高めるポイントにつながります。

❶サイドを少なめに前後に分け、バックの土台を3つに分け取ります。

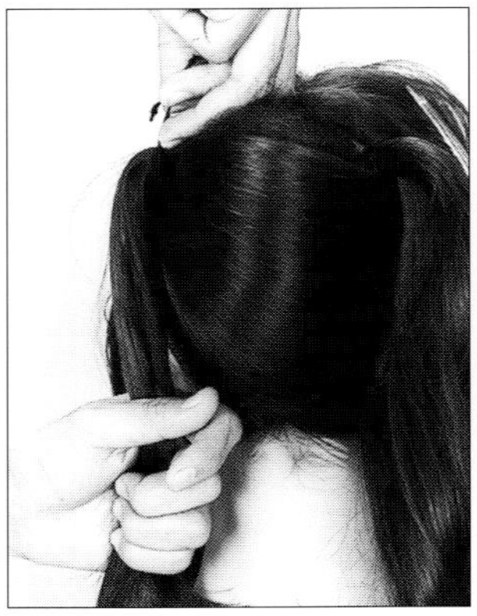

❷センターにすき毛を置き、バックの表面を重ね夜会にまとめます。

❸フロントの毛束は、中心の土台の毛束と合わせて結わきます。

❹右サイドの毛束は、左側の土台の毛束と合わせて結わきます。同様に左サイドの毛束は、右側の土台の毛束に結わきます。

❺センターの毛束で巻き込み型シニヨンを作ります。

❻表面にやわらかいスプレーをかけながら、

❼表面をライズさせていきます。

❽残った左右の毛束を使い、フォルムを崩さないようにサイドビューでトップのシニヨンの毛流れを強調するような流れで仕上げていきます。

STYLING POINT

バックに重ね上げた模様ができ、トップにも重ねたシニヨンを施したスタイルです。毛束を平面にシェープして重ねることによって、毛流れの違いによるフロー

フロント・サイド　**タイトシェープ**
トップ　**クロスシニヨン**
バック　**4クロスアップ**

ラインやレギュラリー(規則的)な模様が生まれます。ここでは、ツーポイントに土台を取った毛束に、左右の毛束をゴム止めすることで、ゆるまないしっかりしたテンション(伸張・張力)のバックスタイルができあがります。シニヨンも含め、表面にピンと張ったつやを出したり、スタイルの持続性を向上するためには、ていねいにテンションをかけてしっかりとゴム止めする必要があります。特にネープ部分やサイドは、首が動くため、ゆるみやすくなります。しかし、複雑なプロセスのスタイルを作るときは、きっちりとまとめることだけに集中せずに、モデルの表情を中心に考えて正面から見た雰囲気や前髪の動きに注意することを忘れずにスタイリングします。

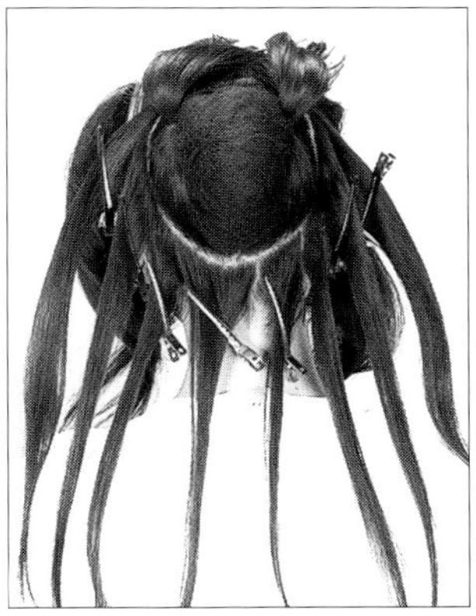

❶前後をイヤー・ツー・イヤーに分けた後、ツーポイントに土台の毛束を取り、フォルム補正するためのすき毛をセンターに入れ、バックの表面を左右4束ずつ分けます。

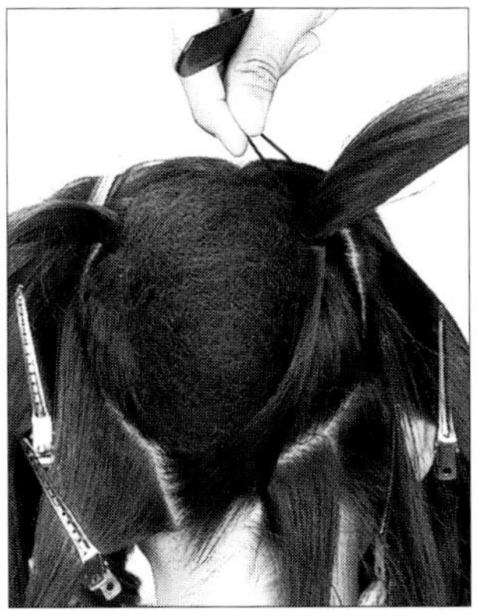

❷スライスラインを隠すために、縦に分け取られた左側ネープ部分の毛束を、右側の土台の毛束にゴムで結わきつけます。

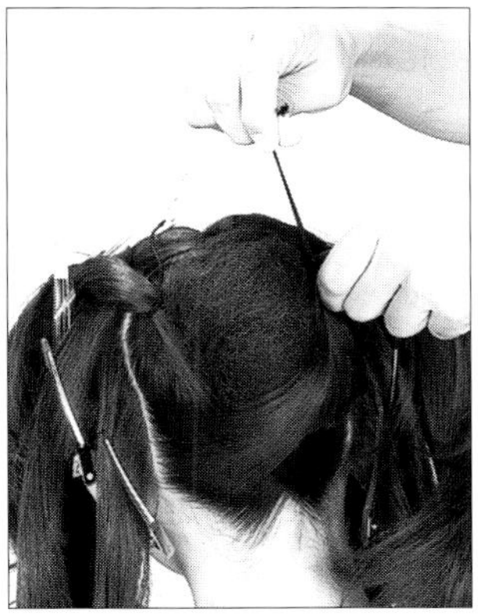

❸左右交互に、同様の作業をします。

❹バックの完成です。

❺フロントを残したサイドの毛束を、タイトにシェープしながら、内巻きひねりでトップの毛束を巻き込むようにまとめます。

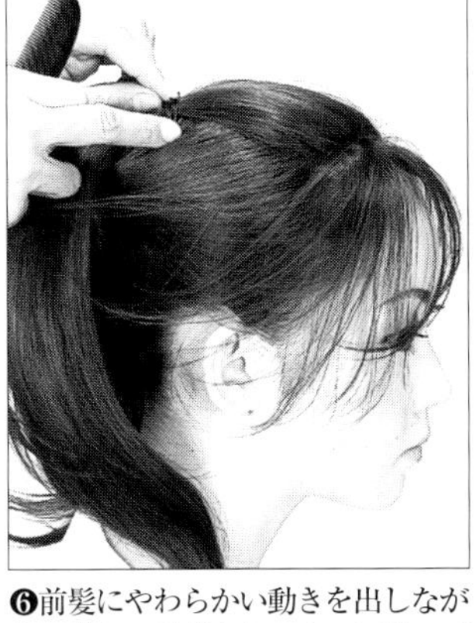

❻前髪にやわらかい動きを出しながら、残りの毛束をセンターに引いて止めます。

❼トップの毛束を、さらに2つに分けてワイドにすき毛を置き、毛流れを整えながら、シニヨンを作っていきます。

❽逆サイドも同様に、フォワードシェープで作られたクロスシニヨンを作り、残した毛束はフォルムを崩さないようにひねってまとめます。

人間の成長が デザインを 成長させる 5

クリエーション(創造)と、イマジネーション(想像)は無限。

思い描くイメージがあってもそれを実現することは
いつまでも、とても難しい。
エクスプレッション(表現)できたら、それはこの上ない幸せだ。

つまり、美容師の表現力。
それを身に付けることはとても難しい・・・。
しかしそれは思うように行かないけれど、とても魅力的だ。

時には喜びの笑顔に心が弾み勇気づけられ。
時には悲しみの顔に心が沈む。

日々の繰り返しにおいて成長する自分。

技術がいい人間が、素晴らしい人間とは限らない。
人間的に成長することにより技術が評価されて行くであろう。

素直で謙虚な心と、人を嫌わない心が気持ちいい。

だから僕は人を幸せにするために生きよう。
美容にとりつかれた男だから。

STYLING POINT

フロント・トップ・クラウン　ボリュームカーブシェープ
バック　平面ループカール

フロント・トップ・クラウンに、丸みをおびたボリュームのある曲線を描き、ネープで平面巻きしたエレガント系スタイルです。フロントやトップ、サイドに厚みのある毛流れを出すことによって、クラシカルなセット感を漂わせています。バックは、アシンメトリーにひねり込んできた毛束を、一度上に持ち上がる毛流れを出し、残った毛先全体を平面ループカールでフォルムを崩さずにまとめます。ショートヘアは、方向性やフォルムが、変幻自在になりやすいので、ある面ロングよりも容易にスタイリングできるといえます。ここでは、ネープに髷(=シニヨン)の様なものを作らずに、シルエットを崩さずに曲線ラインだけで仕上げています。たとえばここからデフォルメ(形を変形させる・歪形)するとすれば、その強調したいライン上や、ポイント、そのつながりの曲線のところに毛を浮かせたりはねさせたりすることで、広がり、奥行き・表情等を持たせることができるわけです。シルエットを美しくすることと、そのフォルムに合わせた毛流れをつけることが大切です。

❶全体に逆毛を立てた後、サイドパートでボリューム感を調整しながら、コームワークで毛流れに曲線を作りながらシェーピングします。

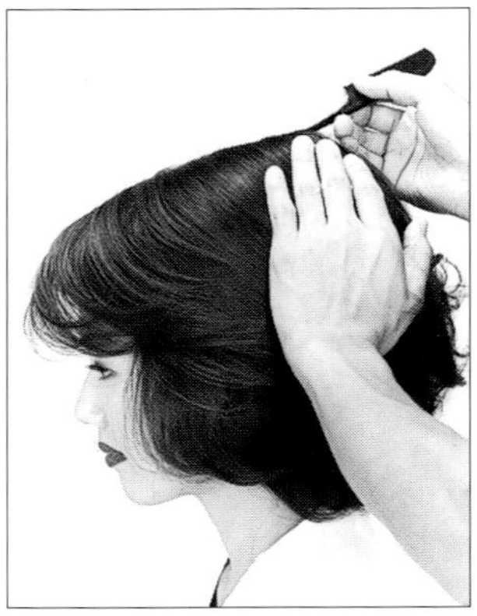

❷トップにテールアップでボリュームを出しながら、フォルムを整えます。

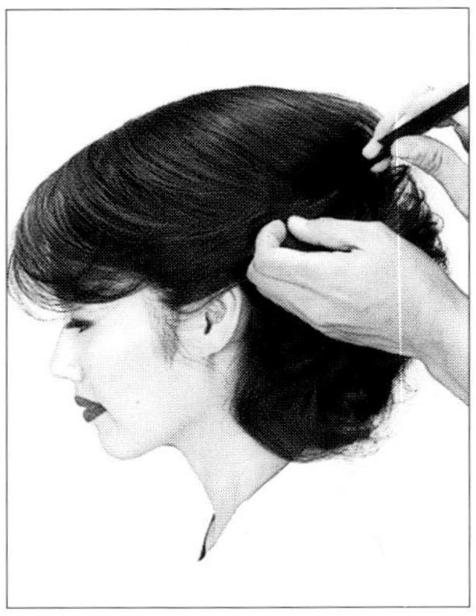

❸フロントからサイドに流れるラインと、トップから流れてくるラインをコームワークでなめらかに整えます。

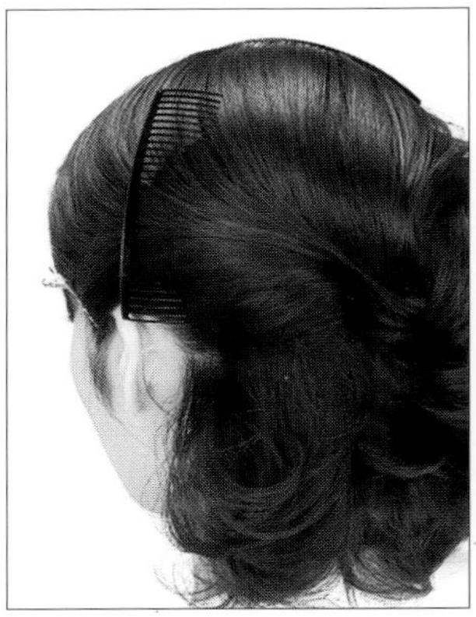

❹常に曲線を描きながら、少しずつまとめていきます。

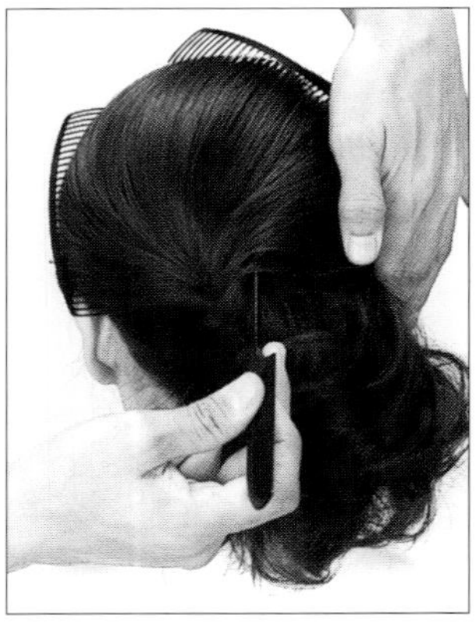

❺輪ぐしなどを使い仮止めしながら、逆サイドも同様に仕上げていきます。

❻毛束全体をひねり上げるように巻き込むことによって、しっかりとした土台ができ、そこをピニングすることでまとめ上げます。

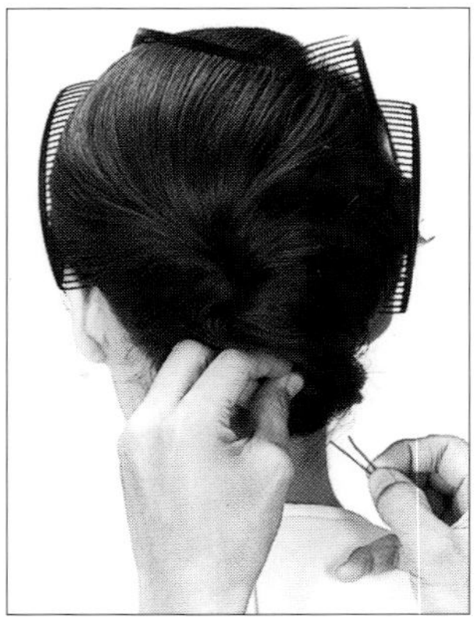

❼全ての曲線をつなげるように、ネープに集まってきた毛束の毛先もループ状に平面カールにして、フォルムに気をつけてピニングします。

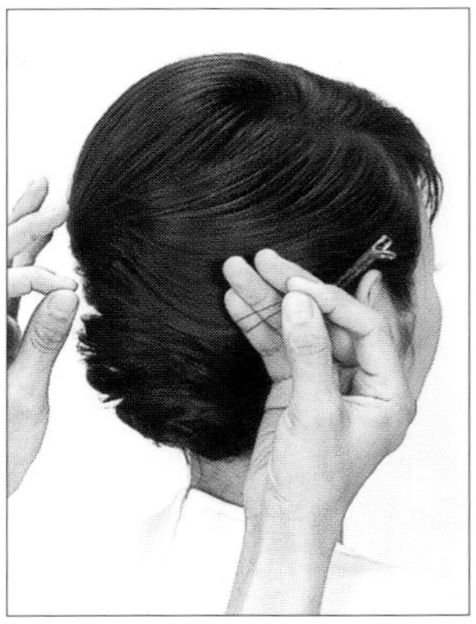

❽いろいろな角度から見たシルエットや毛流れを調整し、毛ピンなどを使いスタイルをきっちり止めていきます。

フロント・サイド・バック | ルーズムービングシェープ

STYLING POINT

ショートヘアを逆毛によりボリュームアップし、毛流れを生かした上品なエイジレス・スタイルです。トップに高さを出し、さらにバックスタイルにボリュームを作ることによって、顔の表情や背筋など、全身のバランスが取れるようになります。スタイルを作るうえで、首から上でなく全身のバランスを考えてデザインすることが大切です。逆毛は、地肌に密着させて立てることで毛量を多く見せることが可能です。ここでは、一見ボリュームが出過ぎてしまいそうなスタイルを、グロス・ワックスを多用することでつやと束感を出し、シック(粋な・しゃれた)にまとめています。骨格や髪質はさまざまなので、スタイリングする前のベース作りの部分が最も大切です。

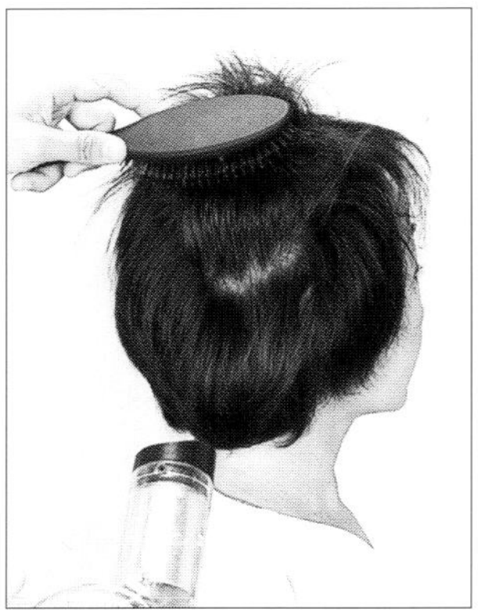

❶土台となるベース作りを根元の立ち上がりから、ブローッスィング(ブラシを使用しながら、ハンドドライヤーでスタイルを作るテクニック)で形づけていきます。

❷仕上りイメージに合わせて、ホットカーラーで巻きます。

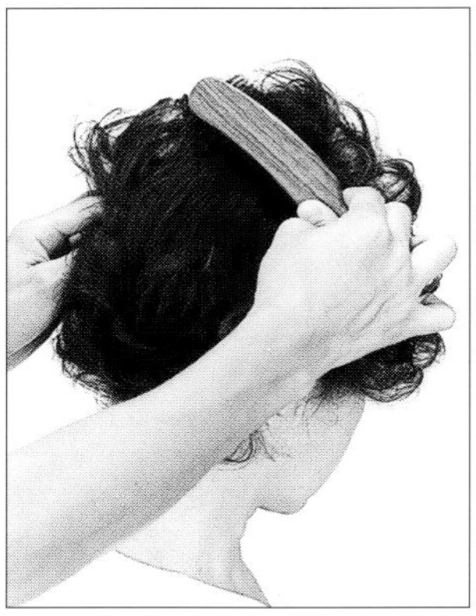

❸ドライファイバークリームと、グロス・ワックスを全体にまんべんなく付けた後、根元から毛を起こすようにブラッシングします。

❹量感のフォルムを構築するためと毛流れを安定させるうえで、全体に逆毛を立てます。

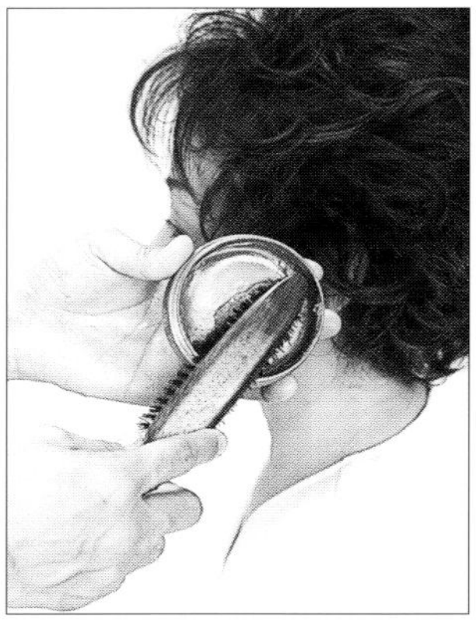

❺さらに、フィニッシングブラシにグロスワックスを少量づつつけます。

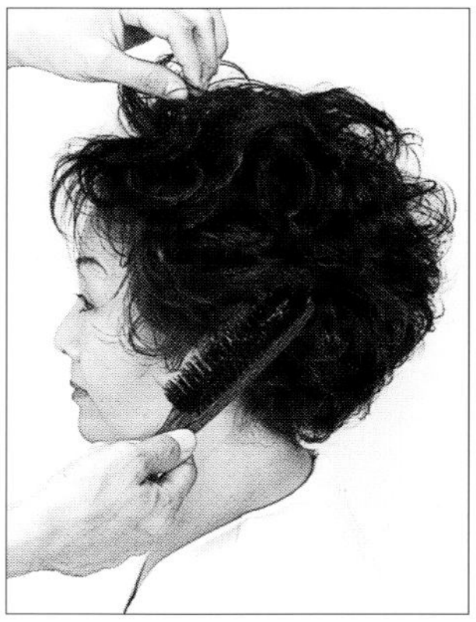

❻ブラシの先を使いながら、毛流れを整えていきます。

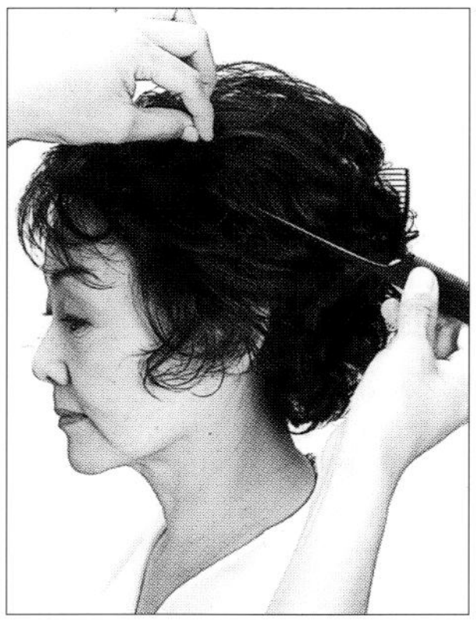

❼輪ぐしなどを使用し、毛流れを仮止めしながらテールシェーピングでバランスを整えていきます。

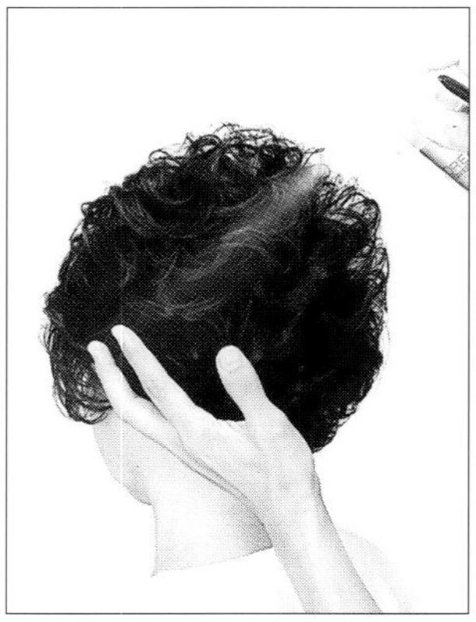

❽スプレーは常にその風でボリュームがつぶれないように、噴射圧を指先で調整しながらハードスプレーをかけます。

STYLING POINT

ショートヘアをエレガントにロール風に仕上げたスタイルです。このデザインでポイントとなるのは、毛流れを生かして個性や表情をコントロールしている点です。スタイル作りのコツとして、骨格に合わせた逆毛を立てることによって、髪の方向性やボリュームをコントロールしているわけですが、仕上りのムード、いわゆるファイナルイメージをしっかり持つことことがマニュアル通りの動きではなく、イメージ通りの仕上りにつながります。つまり、躍動感をその場で作り上げていくことが大切です。ちょっとした毛流れや量感の違いで、バランスは崩れがちです。また、ルーズテイスト(ゆるい感じ)のやわらかいスタイルは、最終段階においてハードスプレーでしっかりと固定しましょう。

フロント・サイド　ルーズムービングシェープ
バック　ルーズロール

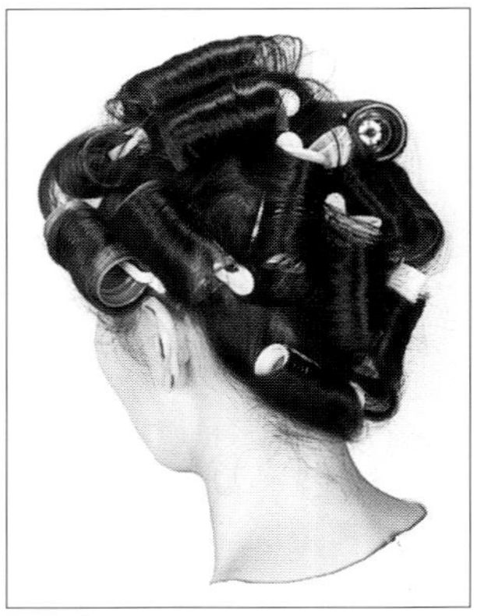

❶毛流れに合わせてホットカーラーで巻きます。

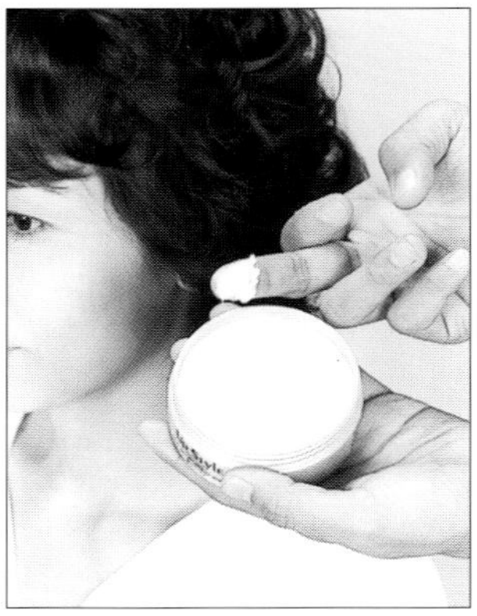

❷全体に、まんべんなくドライファイバークリームをつけます。

❸全体に仕上りのフォルムを意識しながら、地肌逆毛を立てます。

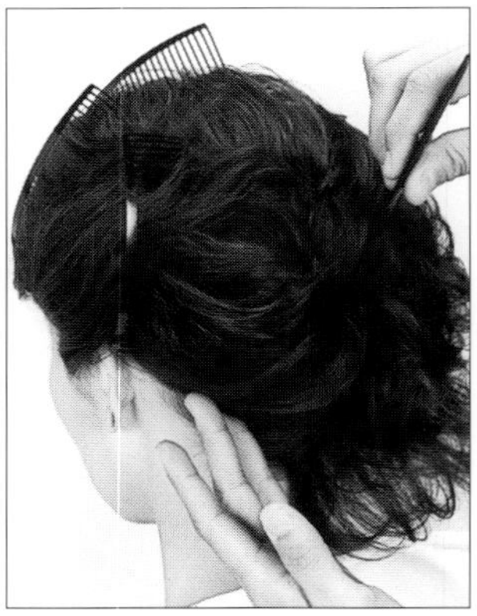

❹輪ぐしなどを使い、シルエットを意識しながらセンターに集めるように、テールシェーピングで仕上げていきます。

❺耳後ろに集まった毛束を、センター付近にひねり込みながらピニングします。

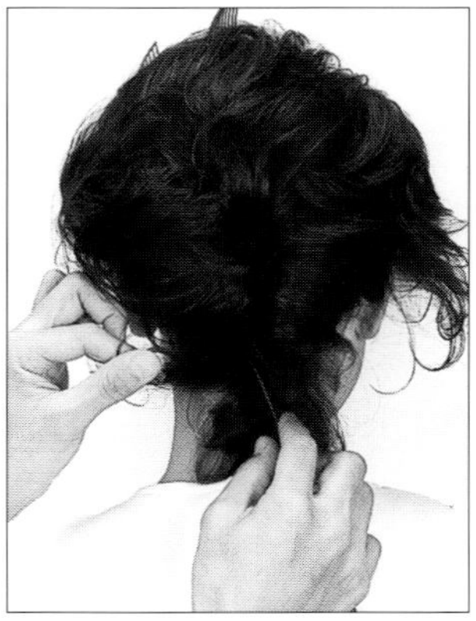

❻さらに毛束に逆毛を立てながら、カールした髪の力を利用しながら方向性とフォルムを築いていきます。

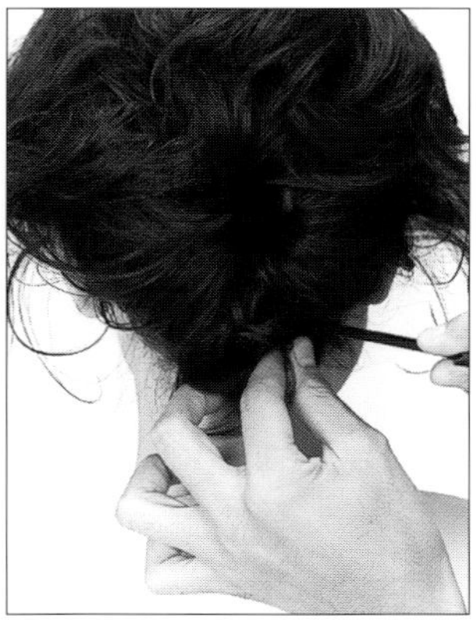

❼逆サイドも同様に持っていき、ネープの部分は逆毛をしっかりと立てピニングします。

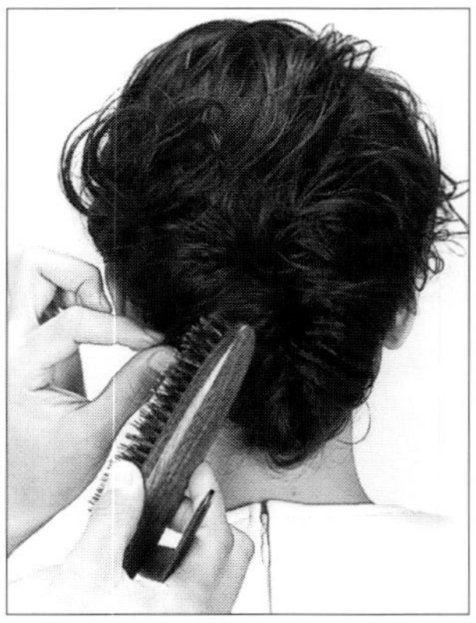

❽グロス・ワックスをフィニッシングブラシの先に付け、表面に動く毛束をコントロールして、表情を作りながら仕上げます。

STYLING POINT

フロント・サイド　ソフトカーブシェープ
バック　ルーズロール

上品で落ち着きのあるネープロール・スタイルです。逆毛によりボリューム感を作り、フローラインに落ち着いたやわらかさを出しています。ポイントとなるネープのロールは、すき毛を入れずに、ルーズ感を出したループロールにシェーピングしてまとめています。まとめ過ぎずにバランス良く毛束を引出すことにより、デフォルメスタイル(写真2)のようにもなります。ここではモデルの骨格に合わせて、耳の中心にフローライン(流れの線)を出し後方に毛を流すことで、やさしく落ち着きのある印象に見せています。ミディアムレングスのヘアスタイルでは、髪質を上手に生かし毛量をコントロールしてピニングを正確にすることによって、このようなスタイルも可能となります。やわらかい面で仕上げる場合と、すき毛を入れて硬い面で仕上げる場合など、出したいイメージによって使い分けることも大切です。いずれの場合も仕上げはハードスプレーでしっかり固定します。

1

2

❶土台となる3角ベースの平面ループ土台を作ります。
(前著「アップスタイリング」参照)

❷ネープヘムラインに地肌逆毛を立てます。

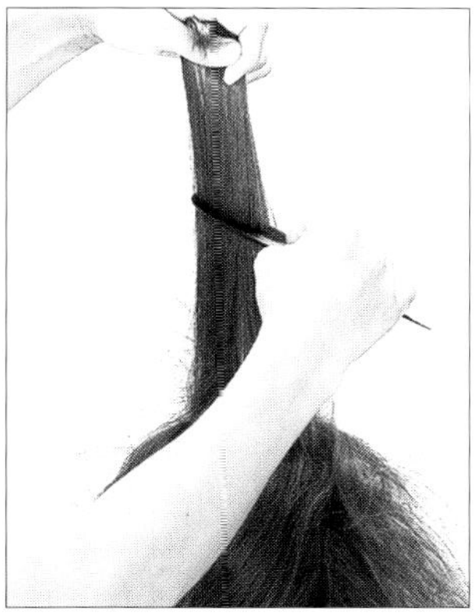

❸イメージするフォルムに合わせ全体に逆毛を立てます。

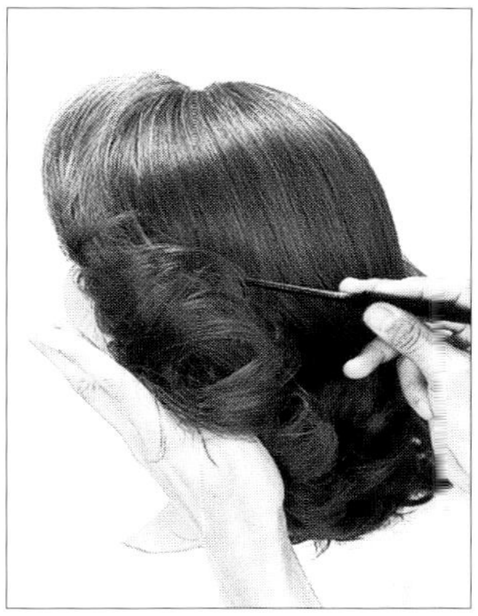

❹フロント部分からシェーピングしていき、サイドのフェイスライン部からもみ上げまでの髪を、外はね状に残します。

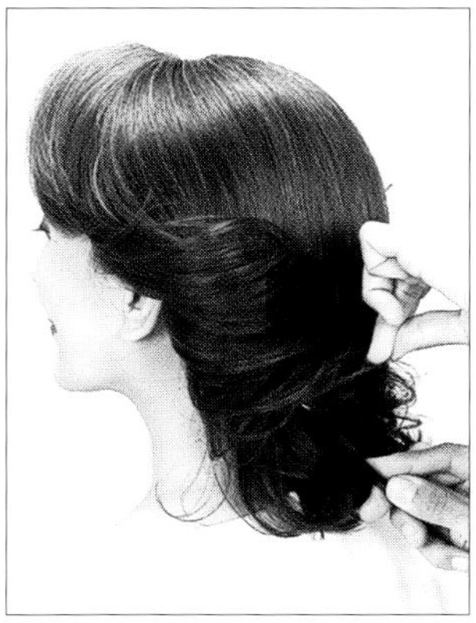

❺センター側を土台にしっかりと止め、サイドヘムラインの毛束につなぎの逆毛を立てながら、ロール状の毛流れを作っていきます。

❻ネジピンなどで仮止めをしながら、バランスを整えていきます。

❼逆サイドも同様にしてきた後、量の多い毛束をセンター付近に、しっかりとピニングします。

❽毛流れを整えて、ハードスプレーで仕上げます。

STYLING POINT

フロント・サイド　**フローライン・スリークシェープ**
バック　**ランダムライン・シニヨン**

割と簡単に仕上げられるサロンスタイルです。曲線を描きながらランダム(無作為・手当たり次第)に分け取ることにより、ボトムの毛流れに変化が生じ表面的なデザインに表情が出ます。小さめに引き詰めたクラウンのシニヨンも、全ての毛束を独立させて、さまざまに入れ込むことにより、一つの模様となって見えてきます。この場合、表面の模様が不規則になるので、全体的なシルエットをシンプルに仕上げることがまとまり感につながります。サマードレスや、ダンス時に合わせるヘアデザインは、ミニマムなシニヨンでタイトフォルムが割と好まれます。そのようなときに、ボトムやシニヨンに変化をつける場合に活用できると思います。

❶バックをイヤー・ツー・イヤーに分けた後、ランダムに内側へ分け取ります。

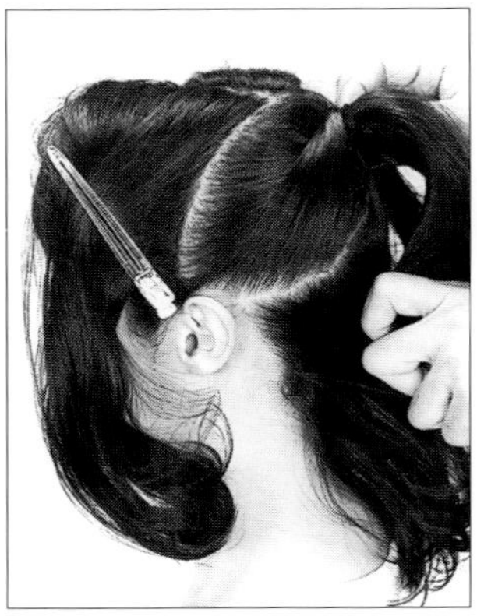

❷バックのヘムラインの毛束をひねり上げながら、センターの毛束付近に集めて止めていきます。

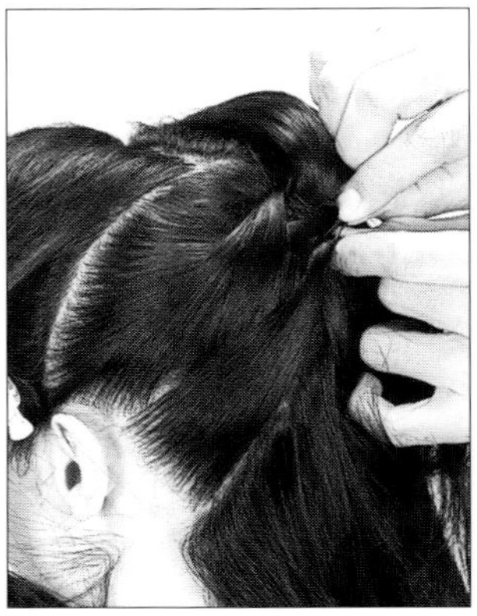

❸表面に、毛流れの違いによるラインを作りながら止めます。

❹フロントは、曲線を描いたスライス線を取り、ややボリュームを出しながらひねって止めます。

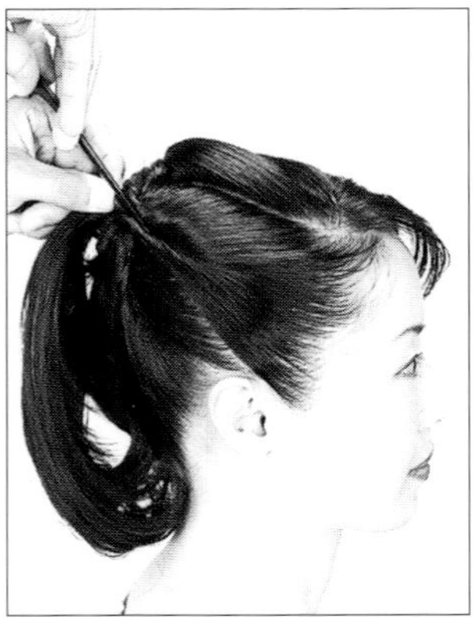

❺サイドは上下に分け取って、毛流れを変えてピニングします。

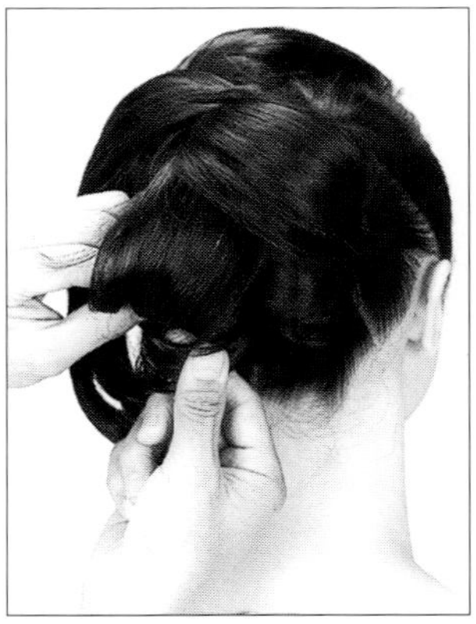

❻トップの毛束は、ボリューム感を出しながらロール状にまとめて置きます。

❼フロントとサイドからきた毛束に逆毛を立てて、表面をていねいに整え、同一の毛束としてロールシニヨン状にさらにかぶせていきます。

❽同様に毛束は、ていねいにとかし、ロールシニヨンの回りにかぶせて、それぞれの毛束を整えて仕上げます。

豊かな心からは
その心が
見られている

6

人を見返してやるという心から生まれるハングリー精神からは
美しい豊かなデザインは育まれないだろう。

心を聞こう笑顔で受け入れよう、
人は傷ついて強くもなれるけど、
愛することで勇気が生れ、強くなれる。

着飾ることも必要だけど中身を磨くことが大切である。
つまり箱や場所ではないということ。

自分という人間を、どうしますか。
やりたいようにやりますか。

何を判断するかはそのときの自分。

人の生き方、いろいろな経験、タイミング・・・。

それもまた人生。

フロント・サイド **タイトシェープ**
トップ **ツーポイント・シニヨン**（リバースシェープ・表面ライジング）
バック **重ね夜会**

STYLING POINT

リバースシェープでまとめられたシニヨンは、正面から見たときに光の反射が強く、毛流れを強調してくれます。ここでは、タイトなボトムに対し、角をとがらせたような鋭角なライジングによってシニヨンのフォルムをデフォルメしたデザインにしています。シニヨンのデザインに特徴を持たせた場合には、極力ボトムをシンプルにまとめてメリハリをつけると、デザイン性が向上します。

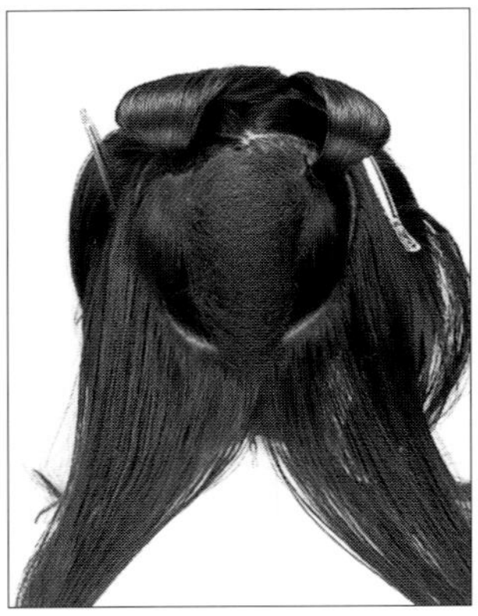

❶前後をイヤー・ツー・イヤーに分け、バックの土台をツーポイントに分け取り、にんじん型のすき毛をセンターに置きます。

❷バックを重ね夜会にし、毛束曲げゴム止めします。

❸ フロントサイドを2つに分け、毛束の後ろを通るように平面タイトシェーピングで、毛束の中間部をひねってピニングします。

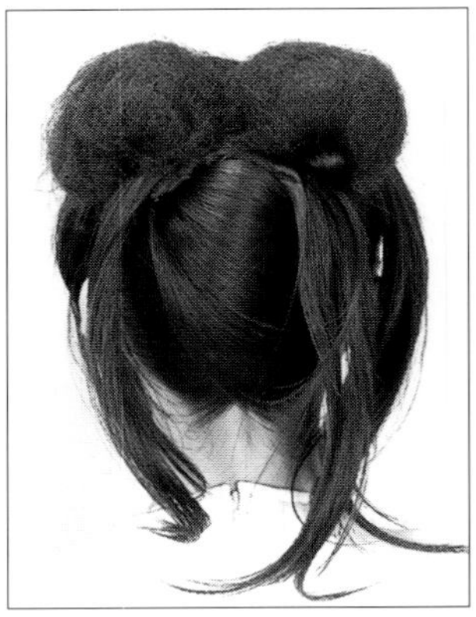

❹やや、やわらかめのすき毛を毛束曲げゴム止めした毛束の上に、ネジピンで止めつけます。

❺リバース方向にシニヨンを作り、毛束を集めたところにネジピンで止めます。

❻コーナーを強調するように、表面の毛を引き出し鋭角にライジングを入れ、形を整えます。

❼束ねられた毛束や、フロントとサイドからの毛束を毛流れが崩れないようにひねり、毛先の動きをコントロールして止めます。

❽全体のフォルムを整えながら、ディテール(細部・細かい面)を仕上げます。

STYLING POINT

分け取り系のボトムで、複数のポイントを持つカールスタイルです。大きく正面から見える渦巻状のカールが特徴です。きっちりと引き詰めたボトムから大きく回転するようなカールを作るには、逆毛を立たせながらカールを作っていくことが求められます。ジグザグラインのライン取りも、そのデザインとの調和が必要となることは言うまでもありませんが、ボトムの質感と毛先の質感が同じであることも大切な要素です。たとえば、動きにも同じことが言え、曲線とのカールの組み合わせには、前髪や後れ毛などにも同調した曲線を取り入れることが全体の調和につながります。

フロント・サイド・トップ

分け取り系ボトム・スリーポイント・ループカール

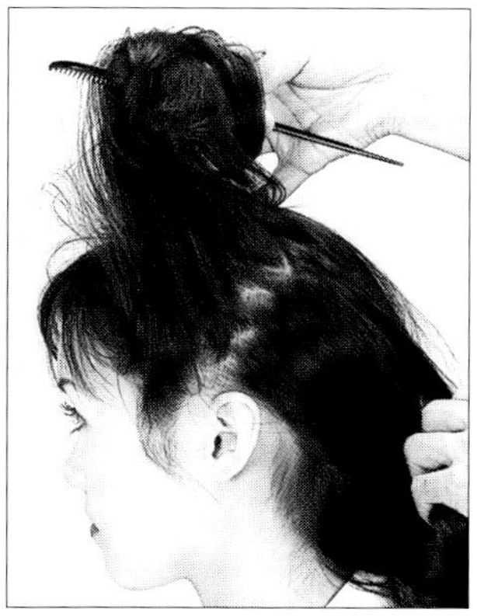

❶フロントとバックをジグザグラインで分けとります。

❷バックをバイヤスにジグザグラインで分けとります。

❸サイドとトップを２つに分け、ゴムで結びます。

❹両側の毛束を共にセンター側に倒してねじった後、粗めのコームでカールを引き出すように逆毛を立てます。

❺毛束の中間部をしっかり止め、正面から大きなループを描くカールを作ります。

❻バックの２つの毛束も同様にひねりながら、根元に逆毛を立て、

❼大きなループカールを中間部から毛先にかけて、ボリューム感を調節しながら止めていきます。

❽全体のバランスを調整しながら仕上げます。

STYLING POINT

フロント・トップ｜**ムービングウエーブカール**
サイド｜**タイトシェープ**
バック｜**ツイストアップ**

トップからフロントに大きく曲線を描きながら流れるカールが特徴のスタイルです。バックビューの大きくひねられたカールの動きに合わせて、曲線を描きながら、ねじり込んであるのが特徴です。バックの力強くひねり込まれた毛束は、トップまでつながり、そのままフロントの表面に動く毛流れとなってつながっています。全体の毛流れや動きに統一感を作ることによって、違和感のない自然な雰囲気が作れます。スタイル作りのポイントは、ボトムの部分をしっかりと作ることです。そうすることによって、表面の毛流れが作りやすくスタイルの安定度が向上します。表面から見えるルーズ加減を、根元のベースの部分から動かしてしまうと、デザインは、こわれやすくなりバランスも取りづらいと思います。しっかりとしたベースの上に、やわらかい質感を乗せることで、やわらかさがさらに引き立つのと同時に、スタイルが長持ちしてひとつのデザインとしての価値も高まるわけです。

❶サイドを少なめに残し、バックに一束の土台を取ります。

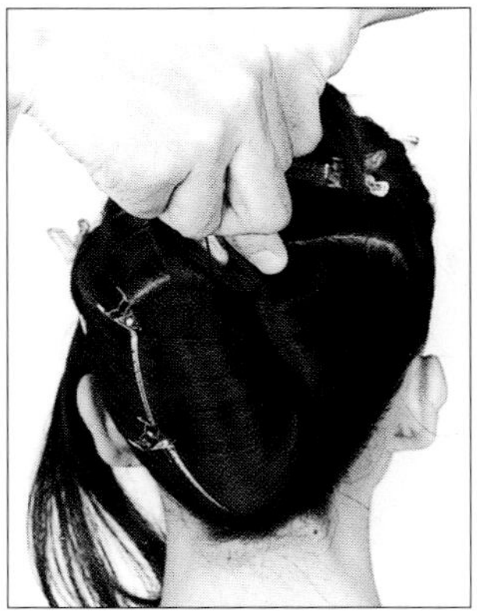

❷センターに小さめのすき毛を縦に入れ、バックの表面の毛束を右サイドにひねり上げて、土台の毛束近くにねじりこんでピニングします。

❸サイドを、ボトムの毛流れと合わせながらねじり入れ、毛束をトップにまとめます。

❹右サイドも同様にねじります。

❺フロント部分を斜めに分け取り、タイトなボトムを作り、毛先はねじって土台の毛束付近でまとめます。

❻パート側部分をやや残し、トップの毛束を土台の毛束付近にひねり上げて、中間部をピニングします。

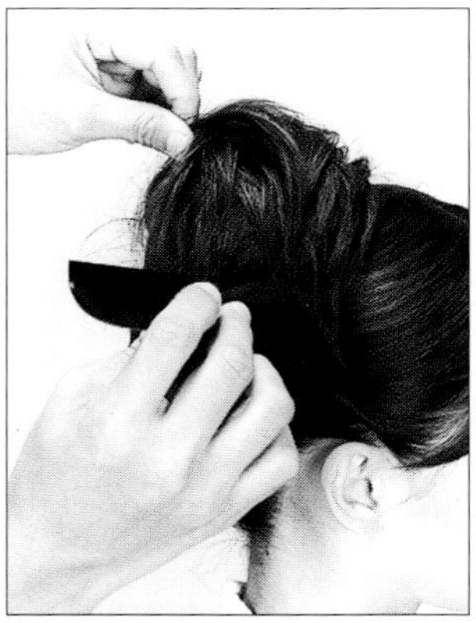

❼土台の毛束と残った毛束の中間部をひねり込んでフォルムを整え、その毛先を大きく動いた感じにシェーピングします。

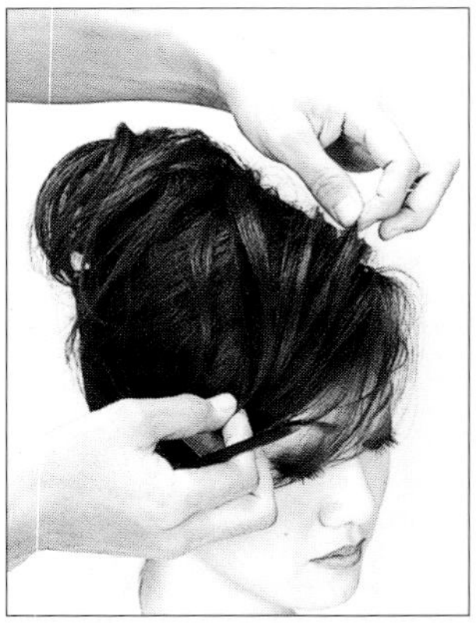

❽パート部分に残した毛束を使い、バックの毛流れと合わせやわらかいムービング・カールを表面に施して仕上げます。

STYLING POINT

トップ・サイド｜**スクリューカール**（リバースシェープ）
フロント・ヘビーサイド・バック｜**タイトシェープ・一束**

スクリューカールをリバース方向に回転させることにより、ボトムに近いところは幅が広くなり、毛先は細くなりとがった三角形ができます。イメージはややクールな感じとなり、フェミニンなかわいらしさと変わってきます。スクリューカールの方向性の違いによる印象の違いが、このスタイルで確認できます。ボトムは極力シンプルにするために無駄をはぶき、さらにカールの配置される位置をワイドにするために、止めた位置をトップと左右に分けてあります。ここでも、ねじり込みと、解き放たれた毛先とのメリハリをつけることで、デザインのクオリティ(質)が向上し完成度が増します。

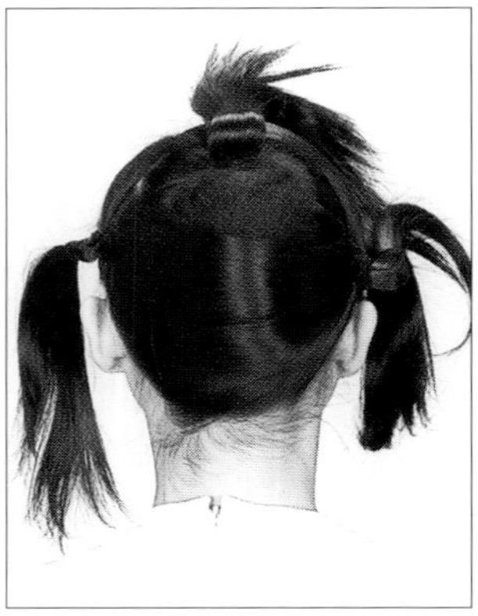

❶全体を前後に分け、バックに土台となる毛束を中心に分け取ります。センターにすき毛を置きます。ヘビーサイドのフロントとサイドとバックの毛束を右サイドで一つに結わきます。ライトサイドも同様に。

❷3つの毛束をすべて前方に毛束曲げゴム止めします。

❸毛束は、リバース方向に回転させながら、スクリューカールを作っていきます。このとき毛量によっては軽くからみ逆毛を立てます。

❹正面から縦に見えるスクリューカールを作り、バランスの良い位置でまとめていきます。

❺左サイドも同様に。

❻スクリューの引き出す毛束には、メリハリをつけて

❼ボトムを小さく見せるためにも、ねじり込みはミニマムにします。

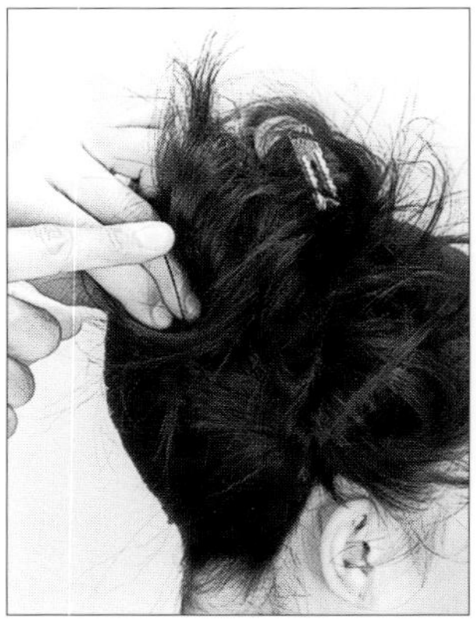

❽立ち上がり加減を調整しながら、ピンで止めます。

トップ ボリューム・ライズフローライン
フロント・サイド・バック タイトボトム・ツイストフローライン

STYLING POINT

タイトにシェーピングし、ツイストロープを表面に配置したボトムに対し、トップの力強い上昇する毛流れの動きはハードバックコームとテールシェーピングによって作ります。ボトムに近い位置に重さを持たせることにより、妖気がただよう様な毛流れを醸し出します。毛量のバランスをコントロールすることにより、細い毛や少ない毛量の髪も統一感をもって仕上げられ、全体の雰囲気が作れます。

❶イヤー・ツー・イヤーに分けた後、バックを、ややアシンメトリーに毛束を二つ分け取ります。

❷センターにすき毛を入れた後、左バックサイドを重ねて右側の毛束とゴムで止めます。

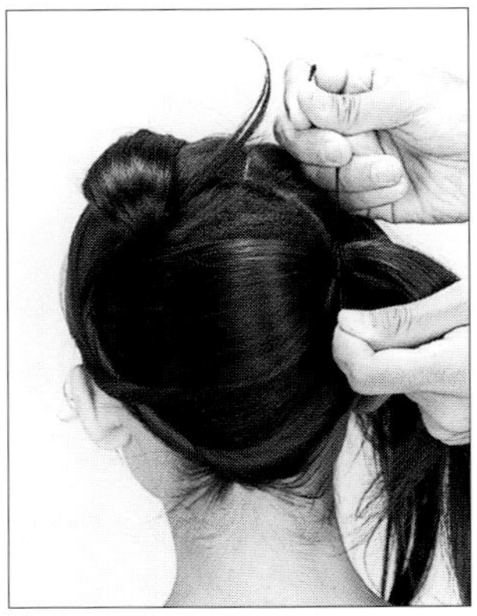

❸右バックサイドはネープあたりからねじり込んでいき、左耳上あたりまで棒状に貼りつけていきます。左サイドの毛束は、バックの中心を、はわせゴムで止めます。

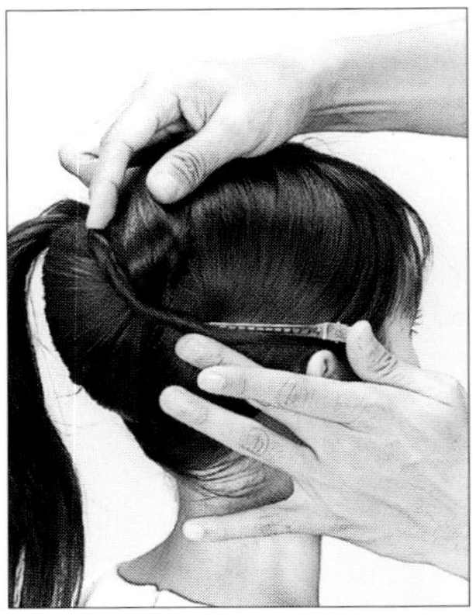

❹右サイドの毛束も、ねじり込んでトップで止めます。

❺二つの毛束にしっかりと強い逆毛を立てていきます。

❻ 特に根元付近に固まる逆毛を立てて、全体の毛束が短くなるまで逆毛を立てていきます。

❼逆毛で残った毛先を引き上げながら、毛束が倒れないためにネジピンを土台に差し込みます。

❽全体の毛流れを縦に上昇するように、毛面の表情を整えます。

人生に携わる美容師 7

何を考え、何を語るか。語らずとも悟るか・・・

一日の与えられたときの中で、ただ漠然と、
またはがむしゃらに生きている。

全身の血をみなぎらせ、精根尽きるまでやりきるときも、
明日の為に力を養うときも、
熱い思いを語るときも、精神は、変わらず常に磨き続ける。

生き、動くときの判断は根底に流れる思想。
その思想は受け継いだ血や人や生物と出会って受けた刺激、
魂が創り出す。

かけがえのない“今”を充実して生きるには、死を意識しよう。
そう必ずいつかは死ぬ。

だとすれば、生の大切さが見えてくる。
生きていることの幸せや責任が感じられるだろう。

死はタブーではない。死は当然の責任。
それは自分だけの死ではなく、他人の死も然り。
だからこそもっと大切にしたい。

魂の覇気、それは常に生き、動き、浮き、沈むものだ。
死まで到達しないまでも、生きていながらにして悩み、
落ち込むときもある。
美容は人の持つその覇気をも変えられるのである。

失敗の連続でもいい。　頑張ろう。　次は必ず成功する！

フロント・サイド	**ボリュームカーブシェープ**
トップ	**ワンポイントシニヨン**
クラウン	**ルーズカール**
バック	**日本髪風一束**

STYLING POINT

地毛で作る簡易型日本髪(新日本髪)です。ここでは前髪を大きめに取り、さらにサイドを斜め上方向にとかすことによって、上方向への毛流れが強調されたデザインに仕上っています。トップの髷(シニヨン)を小振りに作ることによって、やや上品に仕上りやすくなりますが、バックの毛先を大胆に大きく動かすことで、古く感じやすい新日本髪も新しいバランスを見出しています。髪の質感は、根元、中間、毛先と統一感を出し、うぶ毛から毛流れを作り、毛面にもやや櫛目を入れています。
通常、髪飾りを多く飾りつけるスタイルですが、一つひとつのパートをきれいに仕上げることによって、髪だけで完成度を高めることができます。七五三のような場合は、飾りがつくところが多いので、早く仕上げなければいけないことを含めると、髪が見えるところだけに集中して作ることも、結果として上手に作り上げることにつながってきます。

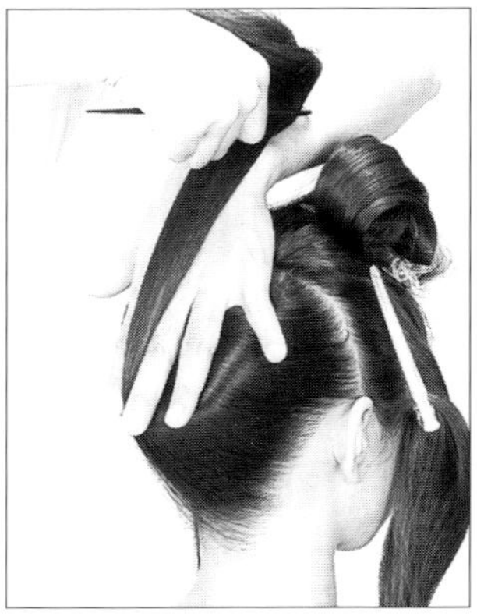

❶バックを日本髪風一束(※1)に仕上げるため、根元に一束土台を作りすき毛をV字に入れ、縦シェープで集めた毛束を指ではさみ、引き上げます。

❷センターに集まった毛束を、ダッカールで押さえてネジピンで仮止めします。

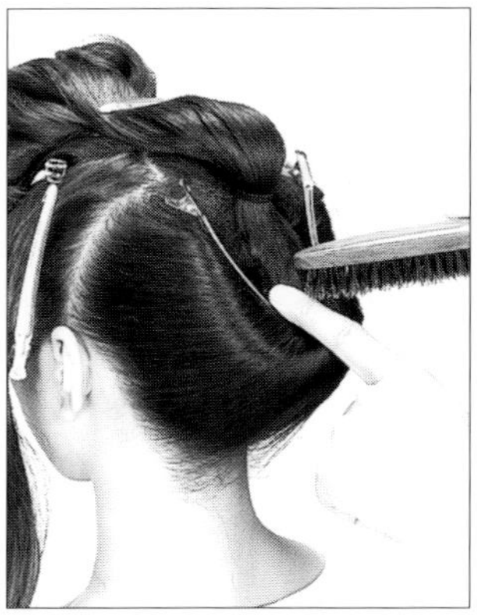

❸毛流れを整えて、表面の毛束を土台の毛束とともにゴムで結わき、日本髪風一束を仕上げます。

❹サイドは下部を張り出しながら、毛流れを上方にとかしつつバックサイドで毛束を集め、曲線を描きながらセンター付近でひねってまとめます。

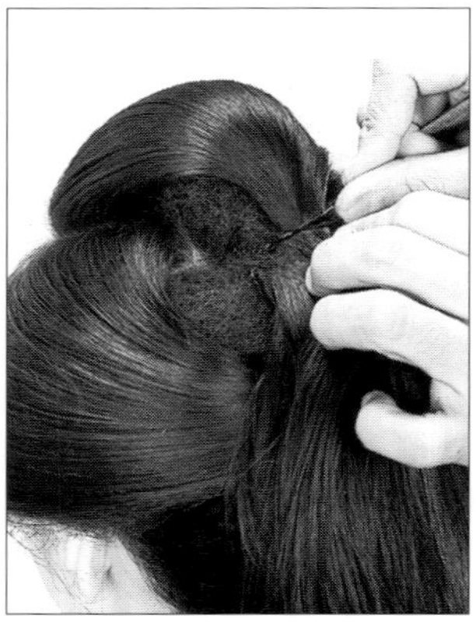

❺前髪(※2)部分は内側を丸く分け取り、ボリュームを出すすき毛を入れ、表面にテンションをかけながら、土台の毛束の前でピニングします。

❻土台の毛束を毛束曲げゴム止めし、毛束の上にシニヨンを作るための丸いすき毛を置き、リバース方向にとかしながら毛束を広げて整えていきます。

❼しっかりとテンションを加えた毛束を、バックの毛束の根元付近にひねってしっかりとピニングします。

❽残った毛束の根元部分を、フォルムにそって量感を調整し、毛先の動きを下から上に上がりながら前方フォワード方向へカールを動かして仕上げます。

STYLING POINT

トップからクラウンにかけて作られたシニヨンを、分離させることなく、つなげることで新たなシニヨンの形が生まれます。フロントビューは、高い位置にまと

トップ・クラウン **ツーポイント・シニヨン**（毛先カール）
サイド **タイトシェープ**（毛先カール）
バック **重ね夜会**

まったシニヨンのシルエットと毛先のカールで上品なかわいらしさが表現されています。ボトムやシニヨンのボリューム感を変えることで、洋装・和装を問わずに合わせることができるでしょう。すき毛を巻き込んだ後、ねじって止めるところは毛流れに注意して一定の規則的な回転にすることにより、シンメトリーな止め方を実現できます。このスタイルは袴にも合わせることができ、幅広い活用ができます。

❶サイドを少なめに取り、前後に分け取ってバックをツーポイントに取ります。

❷やや高めの位置に、重ね夜会にしてまとめます。

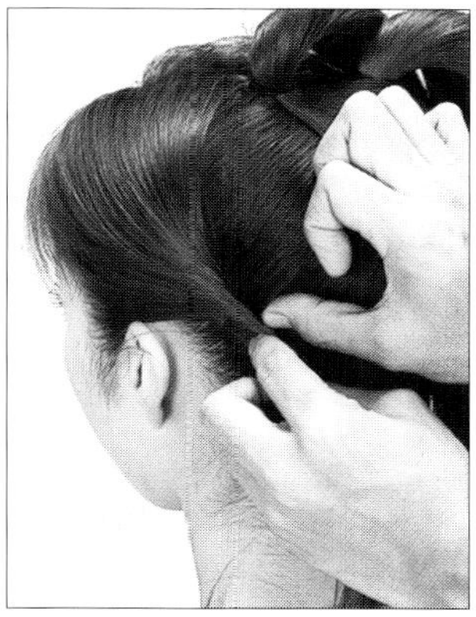

❸フロント・サイドを2つに分け、ひねり込んで耳後ろでピニングします。

❹逆サイドも同様にした後、トップは毛束曲げゴム止めします。

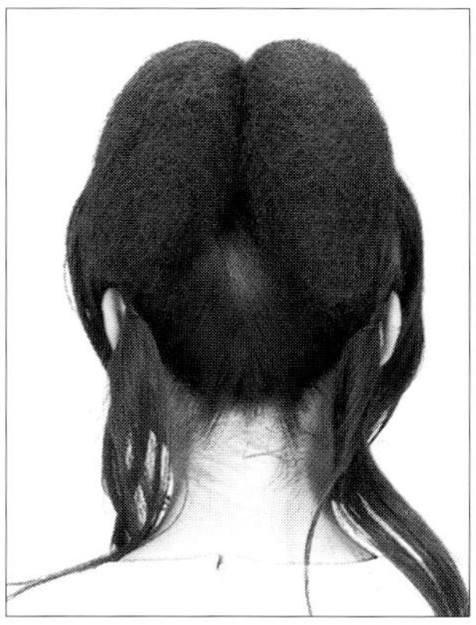

❺高い位置からクラウンにすき毛を2つ配置します。

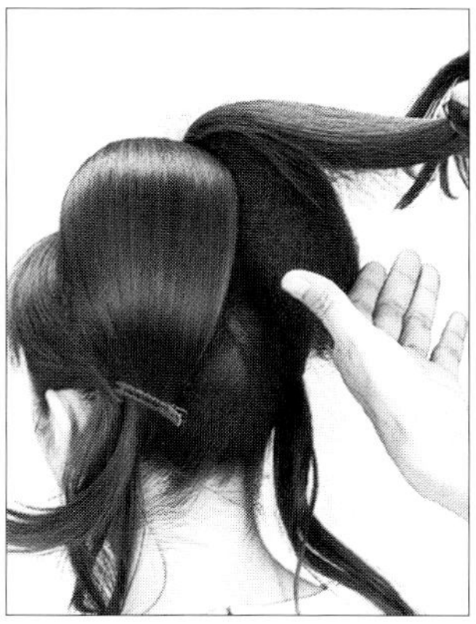

❻毛束を広げながらすき毛をカバーし、シニヨンを作ります。

❼シニヨンが作られた毛束を、サイドの毛束と一緒にねじり込んでいきます。

❽その毛先をカールにして仕上げます。

万物を意識して理(ことわり)のあるデザインを創る

8

万物の“精”は、すなわち“魂”。
万物の中に宿り心の働きをつかさどっている。
であれば、美意識という意識を作り上げているのも魂である。

日々成長し、時代と共に変化する、心という生き物。
そこにはまた、様々な細胞が存在しているのであろう。

魂は先天的な人の概念(未経験の共通の性質)が
つかさどっているのだろうか
いや、必ずしもそうとは限らない。
それに影響を与えることは、全てに意識しその意識して築かれた心が、
無意識のうちにさまよえることが必要となる。
そうして社会的動物の理性が働きデザインが生れるのであろう。

意識が人を支え、デザインのルーツを洗練させるのであれば、
もっと意識して真剣に考えてみよう。
デザインに対する姿勢、判断、行動、結果・・・。
外見から感じる美容的ビジュアルや精神的ＢＥＡＵＴＹなど・・・。

自然に溶け込みその魂が活発に動くとき、
人はその魅力を表す(デザインが生きる) のだろうか。
やはり忘れてならないことは幸せを生むデザインを創造することだ。
それは自分だけの幸せではなく、できればすべての幸せ。

今日デザインは進化し、いろいろな個性を作り上げているが、
マイナーイズムの構築である、破滅や破壊、攻撃的デザインは、
最終的には本来の幸福の美しさは生まれないのではないだろうか。

しかしながら影響を受け合う人の心が作り上げるモードの美意識は狭く、
創造するには時代のモードに対する洞察力が必要となっている、
この現実をどうとらえるべきだろう。

いずれにしてもデザインするということは、
人が万物のために発する大切な
パワーオブエクスプレッション(表現する力)であることがわかる。

STYLING POINT

ショートヘアに、迷彩色の振袖と革の帯を使用したカジュアル系の和装スタイルです。ミリタリー(軍隊系)系の迷彩色を使用することで、そのテイスト

フロント・トップ ポンパドール風クロスムーブメント
サイド イレギュラータイトシェープ
バック ツイストアップ(ひねり上げ)

を力強くアバンギャルドな動きで演出しています。ここでは、フロントからバックにかけてクロスしながら動く毛束が躍動感を作り上げています。スタイリングのコツは、部分部分の毛束の動きを骨格や全体のシルエットに合わせ、決していじりすぎることなく丁寧に作り上げることです。短い髪の場合は、入念な髪質調整を行なうことと、方向性を考えた地肌逆毛に注意することで、スタイリングに格段の差が出ます。

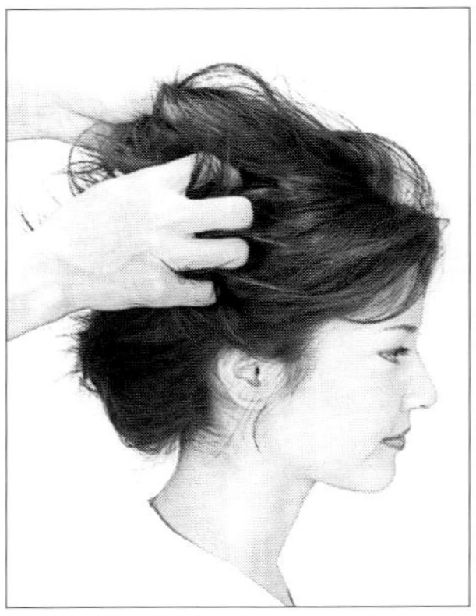

❶ショートヘアをベースに、長さに合わせカールを作り、髪質調整を行ないます。

❷仕上がりのフォルムをイメージしてセンターを中心にした全体の地肌近くに逆毛を立てます。

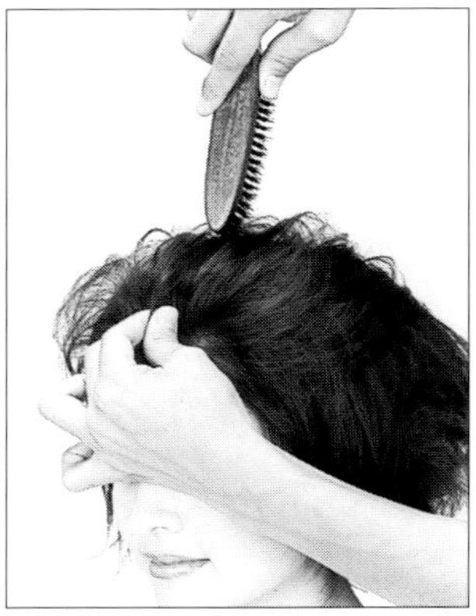

❸指先でつまみ、フィニッシング・ブラシでとかしながら、フロントに束感を出したボリュームを作ります。

❹サイドは強い毛流れを固定するため、地肌近くにハードスプレーを付けながらスタイリングします。

❺サイドに強い毛流れを出しながらひねりこんで外止めします。

❻ネープを止めるための土台はバックセンターにねじり込んで作ります。

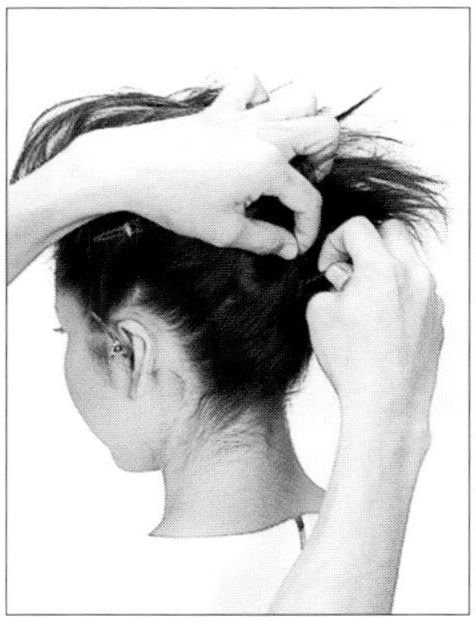

❼作られた土台の上に、ネープの毛をひねり上げて外止めします。

❽シェープされた毛流れを作る毛束を、交差させながら仕上げていきます。

STYLING POINT

フロント・サイド　ダウンシェープ
バック　ソフトツイスト

ショートボブのスタイルを、タータンチェックの振袖とデニム地の帯のカジュアルな和装に合わせたデザインです。バラつきやすいクラウン・ネープ・サイドの部分を、ネープ近くに分けとりながらひねって止めてあります。ネープをきっちりとまとめながらも、フロントとサイドの動く毛先に合わせ、クラウンから持ってきた毛束も調和するように動かしてあります。ラフ(無造作)な感覚を残すために、あらかじめベースを大きめのホットカーラーや軽いブローで仕上げておき、その後髪質作りをします。

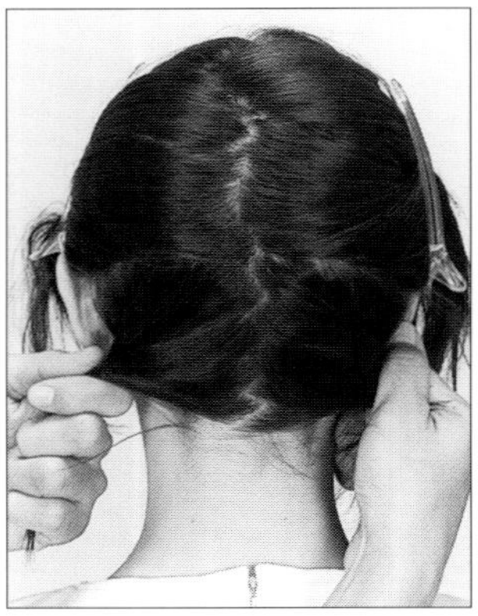

❶耳後ろを、ジグザグスライスでブロッキングします。

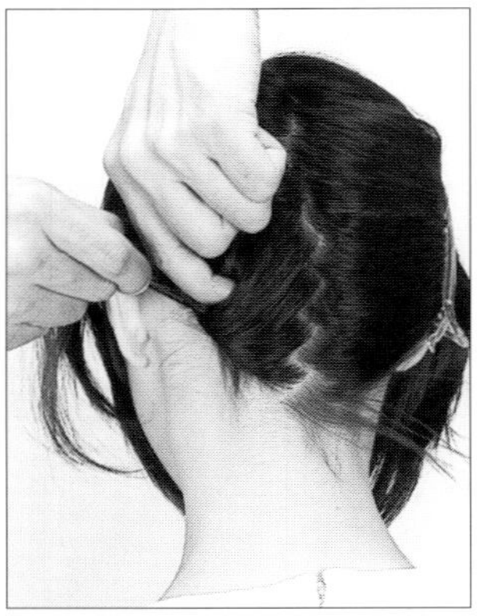

❷上からくる毛を止めるための土台を、ひねり上げて作ります。

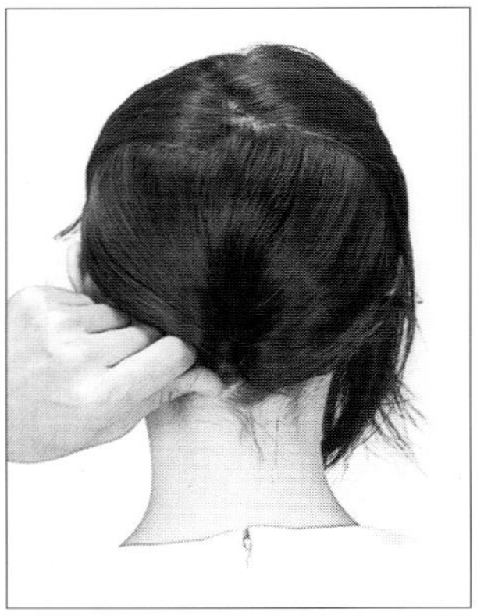

❸センターに流れる毛流れで、ピニングします。

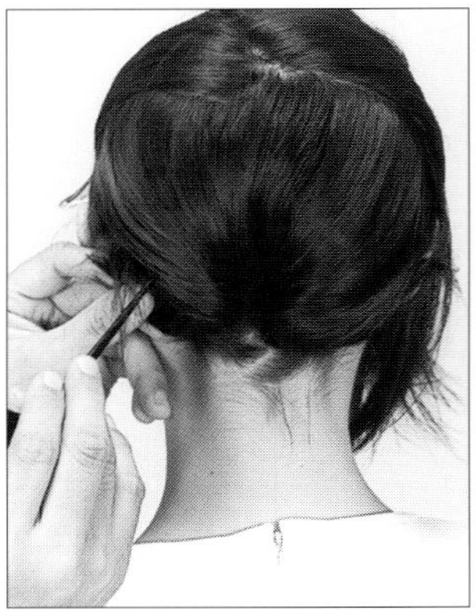

❹毛先はループさせて止め付けます。

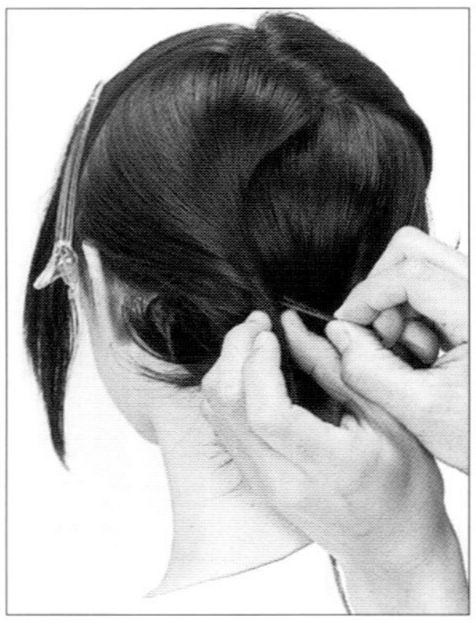

❺さらに毛流れを変えながら、トップからサイドの毛をネープ近くで止めます。

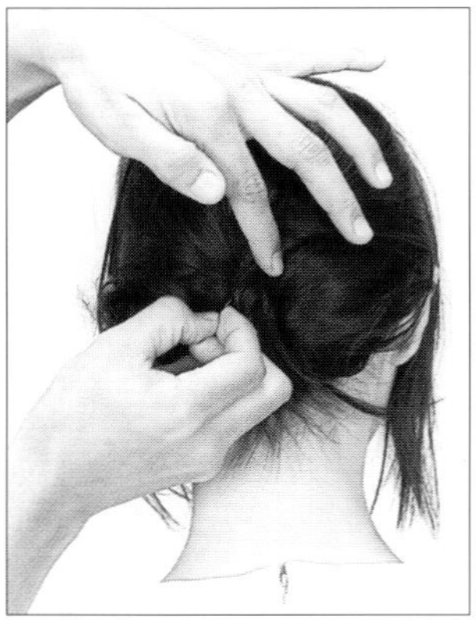

❻逆側も同様にひねりながら外止めします。

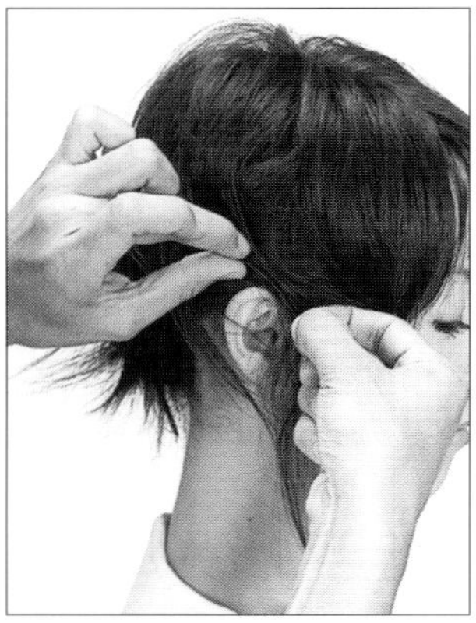

❼トップの毛束を、サイドからバックサイドにかけて表情を見せながらかぶせていき、動きやすい毛束は耳後ろで止めます。

❽さらにワックスを付けた毛先を、下から跳ね上がるひねりを加えながら束感を出して仕上げます。

フロント・トップ・クラウン　ボリューム・フローライン・スリークシェープ
バック　ロールシニヨン

STYLING POINT

和風カッティングされた帯付きのドレスに合わせ、ドレスチックなタイトフォルムに和風な曲線とシニヨンを組み合わせたスタイルです。トップにボリュームを出すためにすき毛を入れ、その高さと襟足からのラインを結ぶ曲線をきれいに描かせるために、やや大きめの毛束をねじったシニヨンを高い位置に配置することでエレガントな気高さを作っています。また、サイドとネープをいくつかに分けることによって、毛流れの違いによるラインが入っています。

❶バックのボトムをこのようにブロッキングします。

❷すき毛を配置し逆毛を立てた後、曲線を描きながらひねって止めます。

❸フロントとトップは、バックセンターにネジピンでループ状に止めます。

❹サイドは、タイトシェープで 返し※で止めます。

❺ネープラインを残しバックにすき毛を入れ、一束に結わきます。次に残したネープラインも同様に縛ってゴムでセンターに引っかけて止めます。

❻残った3本の毛束を使い、フォルムを整えるように半転ループさせながら、一つひとつ止めていきます。

❼毛束は、毛流れを整えながら方向性とバランスに注意して止めていきます。

❽毛先は、ループの中に収めるようにしゴムを隠すなどしてまとめます。
※（前著『UP STYLING』サイドのかえし参照）

STYLING POINT

大きなカールや小さなカールをランダム(無作為・手当たり次第)に配置し、ルーズに崩れ落ちそうなカールと、生え際のうぶ毛と同調させています。

フロント・トップ ルーズカール
バック 重ね夜会

ラフ(無造作)なカールの質感や動きは、インド綿のカラフルな和服に合わせてあります。崩れ落ちるカールを上手に作るコツは、そのカールを支える部分をしっかり止めることです。主にラフなスタイルを作る場合、どこかにしっかりとしたスリークな毛面があると古風な和の感覚が残り、和装としての調和がとれます。

❶全体を前後に分けた後、やや低めの位置でツーポントに土台を取り、センターに高さを出す、すき毛を入れます。

❷残した毛で重ね夜会にします。

❸生え際を残してひねり上げながら、ループカールを作っていきます。

❹トップも同様に根元を止めながら、中間部を使ってルーズに引き出しながらカールを出していきます。

❺フロントも短い毛を残しながら、ねじり込んで止めます。

❻バックの毛束も、同様なテイストでバランスの良いボリュームとフォルムを作っていきます。

❼中間部も使いながら、最終的な毛先の出す位置を考えてまとめていきます。

❽バック・ビューは、両側にゆれ落ちるようなカールを作ります。

STYLING POINT

ねじり込まれた曲線が作り出す独特の毛流れを使い、小さくねじられたものから大きくねじられたものを、フロントビューでその動きがループ状に見

フロント・サイド ツイストロープ

トップ ツイストループカール

バック ひねり一束

えるように、意識的に配置したカールで構成されたデザインです。一定方向に対してアピールするデザインは、別角度から見たとき、また違った模様を感じさせることが多く、その場合テイストが違わないように注意します。カールを置く位置や、回転する方向性を変えることによりさまざまな演出ができるでしょう。

❶バックのセンター部分に、縦にすき毛を入れ、高い位置でひねり上げられた毛束を、土台の毛束と一緒に一束に結わきます。

❷サイドの毛束をねじり込み、ツイスト・ロープの動きをコントロールしながら、模様作りをしていきます。

❸バランスを整えて、トップの毛束の部分にしっかりとピニングします。

❹前髪を薄く分け取り、タイトにシェープして残った毛束を斜め前方に引き、ひねります。

❺ひねり込んだ毛束をさらに後方に引き上げ、フロントのボリューム感をテールで整えながら、毛束をさらにねじり込んで土台の毛束付近に止めます。

❻フロントビューから、扇状に広がるループカールを作りながら、毛束の裏側をボトムにしっかりピニングします。

❼残りの毛束も同様にフロントビューからの動きを重点に置き仕上げます。

❽フロントのボリューム感を全体のフォルムに合わせ、形を整えピニングします。

面

手のひらでの面

手のひらでテンションを加えながらシェービングすることにより、かなりフラットで鏡面的な毛の表情を作ることができます。前著『アップスタイリング』は、この手のひらシェービングを多用し、鏡面的な表情を多用しました。この場合、フォルムに合った手の形にしてシェービングすると良いでしょう。

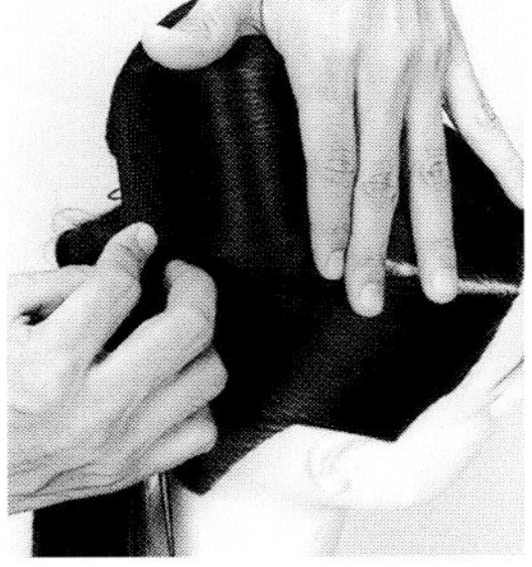

❶コームシェーブした後に、

❷フォルムを手のひらで形取ったり、髪の毛1本1本をシェーブするようにシニヨンの表面にテンションを加えとかします。

コームでの面

フォルムを整えた後に、表面にテンションを加えながら逆方向に押し出す微力なプッシングを加えながらコームでシェービングすることにより、やや浮いた感のあるコームでとかされた毛流れの見える表情に仕上ります。今回の『アップスタイリングⅡ』では、この方法を多く活用し、髪の表情にやわらかさを残しています。スタイルに合わせ、表情を変化させることができるようになると、さらにクオリティの高いスタイルを追求する気持ちが湧いてくるでしょう。

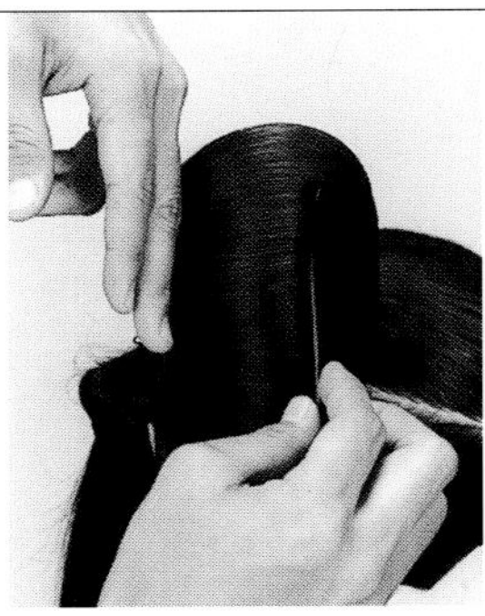

❶手のひらのテンションも加えられたシニヨンの毛流れに対し、コームシェーブを加えます。

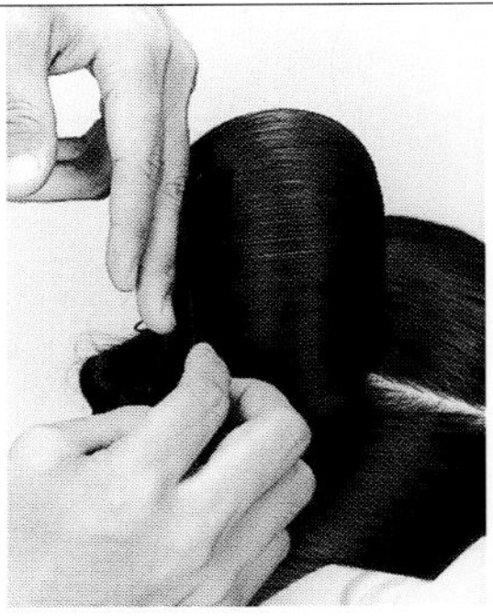

❷シニヨンの後ろから弱いテンションでプッシングすることにより、コームの櫛目がより浮き立ちます。

シェーピングとテールプッシングによる面割れ直しテク

ボトムの面やシニヨンの面の割れを直す場合、毛流れの始まりから終わりまでをとかしつけ、その毛流れを安定させるためにボトムの張り出しを加えることで均一なテンションの効いた面を作ることができます。原理としては、内側から広がろうとする力に対して、表面の毛束でその力を押え込むことで作られた反発する力がテンションを作り、張りのある面が仕上がるといえます。

❶シニヨンの割れを直します。

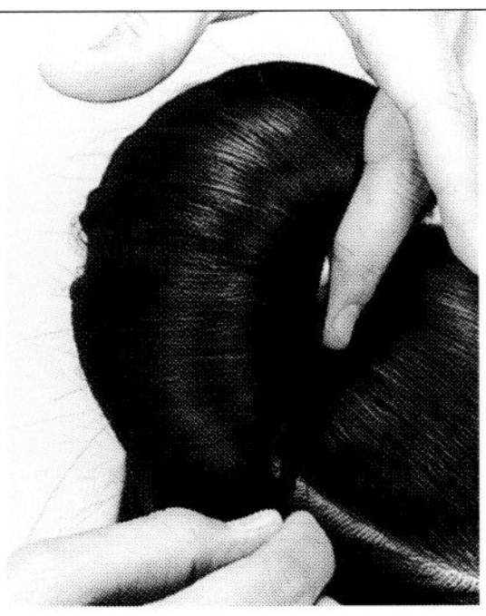

❷根元からシェーピングしていきます。

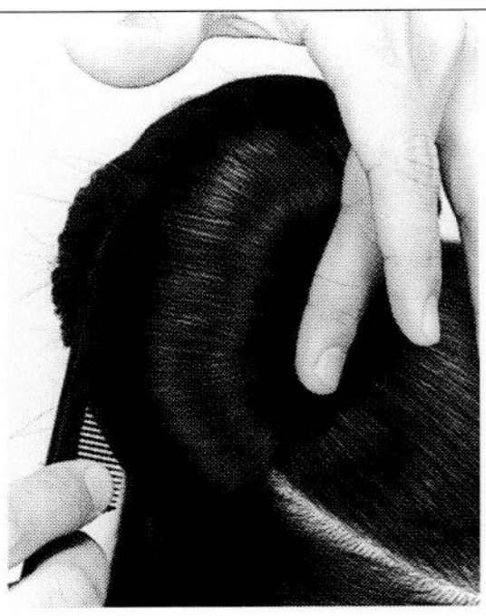

❸根元の毛流れを押さえながら、割れた左右の毛束をつかんでシェーピングします。

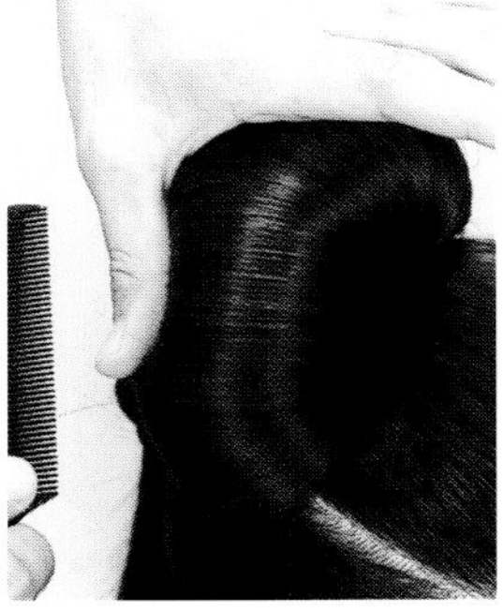

❹とかされた後に、指の腹でテンションを加えて毛流れを合わせます。

❺押さえつけたテンションと同じ張りを、テールですき毛を引き出すことによって、毛流れを安定させます。

ピニング

外止め

外止めは、ねじることによりできた毛束の外側を、薄く拾いながら、ボトムに止めつける方法をいいます。毛束はねじられることにより、その全体をまとめる力が働きます。つまり、表面の毛束を止めることで全体の毛束を止められるのです。この本では、ほとんどがこのピニングの方法で止めてあります。

A

スタンダードな方法として使いますが、この場合ピンが外側に向いているので、押し込んだときに毛束側からピンが出てきやすいので、押し込む際に毛量をかむ量をコントロールする技術が求められます。

❶毛束に対しアメピン全体が、平行に向かってねじられた側に薄く短い方のピンを刺し、

❷長い方は土台の方に入ります。このとき、短いピンの先が毛束から出てこないように、

❸毛束側に力を加えながら押し込みます。止まった状態です。

B

はじめに入れ込むときに、短いピンの先の角度を毛束に対して平行にしてあげます。そうすると、入れ込んだ後、かむ毛量が少量になりピンが入り込んだ後の力の加減が楽になりますので、上級者はこちらの方法を活用することをおすすめします。

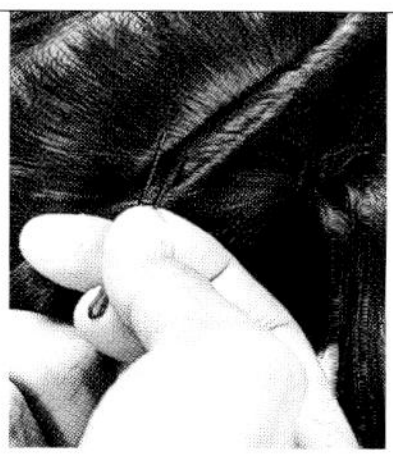

❶短い方の先の角度を、毛束に対し平行に置きます。

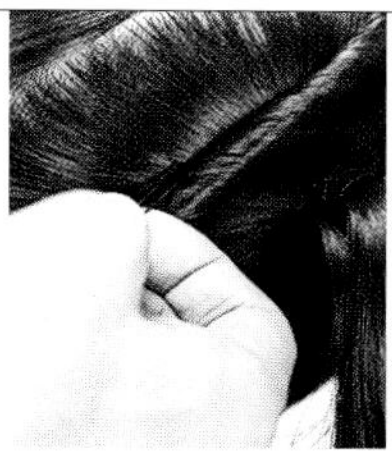

❷その角度をキープしながら、毛束の中に入れ込みます。

❸最後まで毛束側に力が加わるようにして押し込むことにより、短いピンが毛束を薄く拾い、適度な量が挟み込まれます。

C

毛束に入るピンが直線のため、しっかりと毛束に入り込みますが、土台の方に入るピンが斜めに入りやすく、また短いため甘く止まりがちです。差し込みしやすい反面、多少のリスクがありますので、その特長を良く理解し使い分けてください。

❶短いピンを土台側にして、直線の長いピンを毛束側に刺します。

❷短いピンが広がらないように、毛束と逆側に力を加えながら差し込んでいきます。

毛束を止める一連の動き

右手でピニングをする動きを紹介していますが、左利きの場合はその手は逆となります。ピンはアメピンの先を開くときには、口を使わないように逆の手で広げるようにしましょう。

❶右手で毛束をひねりながら、

❷ボトムに押さえつけます。

❸その毛束を下から受け手で持ち替え、右手でアメピンを持って左手の中指や薬指を使いピンを広げます。

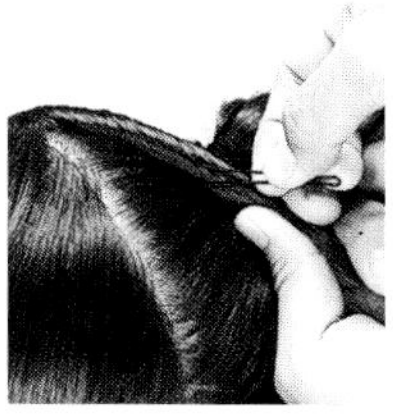

❹右手でピンを止めます。

NGピニング

A

毛束が押え込まれた方と逆に止めようとしています。結果、戻ろうとする力が逆側に働き、毛束がしっかり止まりません。

B

根元の方から毛先に対してピンを差し、さらにねじられた方とは逆側に止めていることで、押え込みたい側が止まっていないのと、ピン先側が毛先なので、ゆるんでしまい、止まりが良くありません。

C

押え込みたい側を止めようとしていますが、毛流れの方向の毛先側にピンの先がくることによって、ピン先から毛束が抜けやすく止まりが良くありません。

D

毛束に対して垂直にすべてをつかんでいます。毛量によっては、多くかみすぎで、ピンが壊れるか外れてしまうでしょう。また、見えピンとなってデザインによっては好ましくありません。

ライジング テクニック

鋭角ライジング

シニヨンに上手にテンションを加えながら引き出すことによって、湾曲なフォルムや鋭角なライジングを作ることができます。加える力の加減をコントロールできると、クオリティが高まります。この場合、毛束全体をあまりねじり込みすぎないようにとめておくことも重要です。

❶鋭角に引き出したいポイントを見極めて、

❷毛流れに合ったテンションを手のひらに加えながら、

❸中指同士を合わせて、引き出すポイントをつかみます。

❹毛流れに合わせたテンションを加えるのとは逆に、中指の指先は毛束を引き出す要領で力を加えていきます。

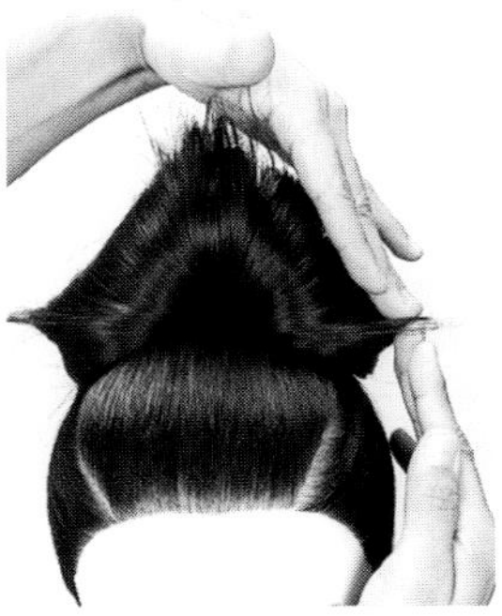
❺鋭角に出すポイントを、引き出すようにします。

表面ライジング

この場合のライジングは、コームのテールを使い細かく作業をしています。割とアバウトになりますが、両手の人差し指と親指でつまみ出す方法でも良いでしょう。全体的にライズさせるのも良いのですが、規則的に2か所をライズさせて強弱をつけると、さらに大きな動きが出てきます。このずらして表情を作るテクニックは、さまざまなポイントで使うことができ、これも必須技術の一つとして身につけると良いでしょう。

❶コームのテールで表面に浮かせたい毛束を少量とり、引き出します。

❷ポイントを狙って引き出します。

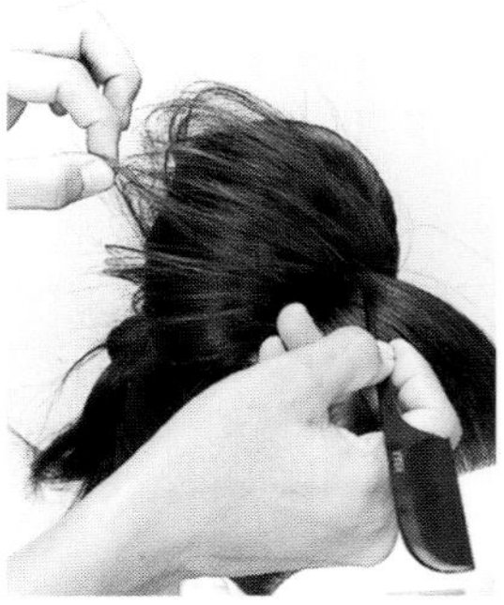
❸奥行き感を出すためには、毛束を前後に引き出します。

❹正確に行なうには、コームのテールを使いながら指先でつまみ出します。

❺シニヨンの表面をライズした状態です。

コームの櫛歯密度の違いによる逆毛

歯の密度が細かく、根元にリーダーが無い厚めの硬い櫛歯で毛束を逆にとかすことにより、髪がからみやすくなります。逆毛の立て方＊は、毛先の短い毛を根元方向に押し込むようにします。目の細かい櫛歯の場合、立つ逆毛も細かくなります。歯が粗くなるにつれ、立つ逆毛も粗くなり、Ｌコームになるとさらにラフに逆毛を作れます。もっとラフにするときは、指で押し戻すようにして逆毛を立てるとよいでしょう。

Sコーム編

❶逆毛を入れている状態。

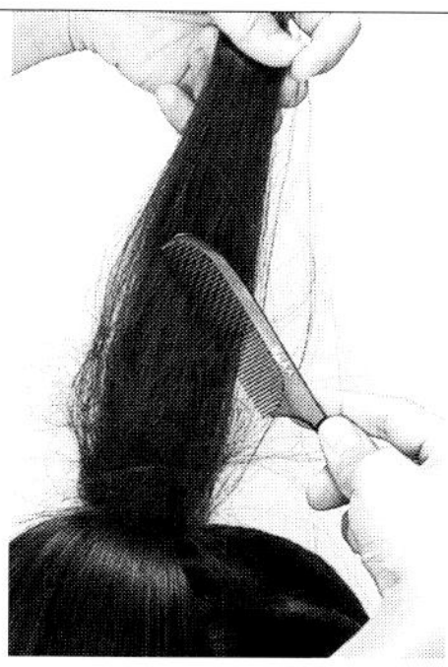

❷逆毛の立った状態と使用したコーム。

Mコーム編

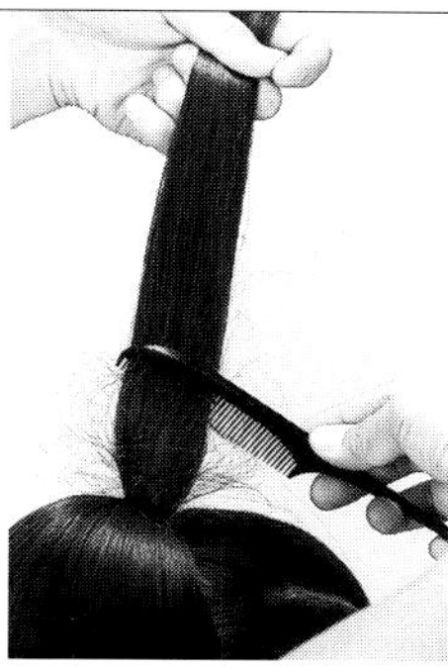

❶逆毛を入れている状態。

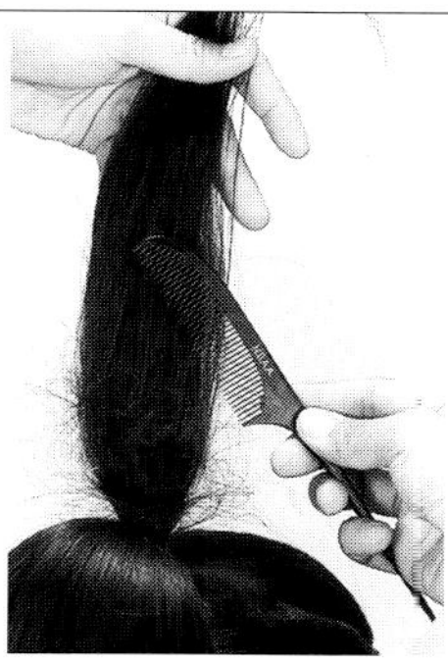

❷逆毛の立った状態と使用したコーム。

Lコーム編

❶逆毛を入れている状態。

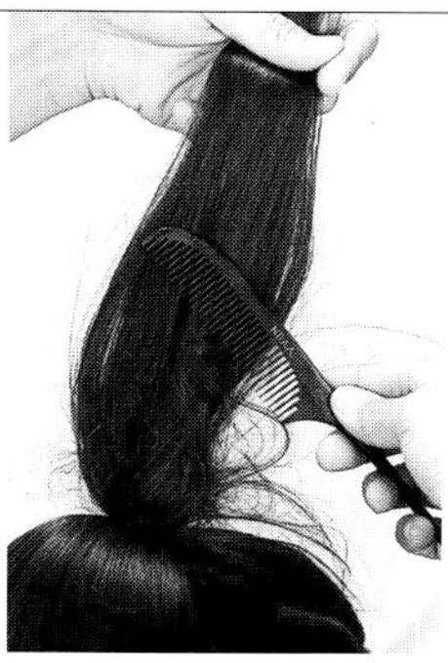

❷逆毛の立った状態と使用したコーム。

毛束曲げゴム止め

毛束曲げゴム止めは、結わかれた毛束の方向性を効率よく根元からしっかりとした強い力で曲げることができます。この方法を取ることにより、今まで実現しなかった髪の方向性を変える行為が容易になります。この場合の注意点は、曲げられた内側の部分にゆるみが出ないようにすることです。曲げる角度は、180度からそれ以上に変化させることも可能です。Ａの場合はゴムを２本使用しますが、ずらしているときに万が一外れても、ボトムの部分は守られます。しかし、Ｂの１本を２つにして曲げる方法は、万が一外れた場合、すべて外れてしまいますので、量の少ない毛束に対して施すことをおすすめします。また、ゴムは、すべて２回ねじりで止めてあります。それは、お客さまが外すときに簡単に外すことができるためです。結び目にハードスプレーをつけることで強度が増しますので、この方法はゴム止めをする際に必ず行なうとよいでしょう。

A

❶根元に止められたゴムの上に、さらにもう1 本ゴムを結わきます。

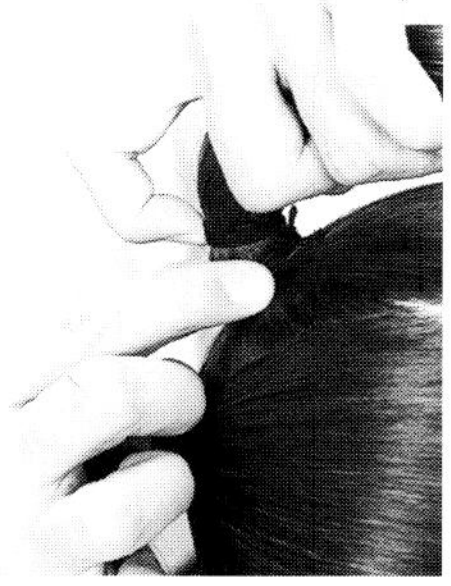

❷曲げたい方向と逆側の部分のゴムを指で引っかけ、ゴムの位置をずらします。

❸もう一方の手の親指と人差し指で、毛束を引き出しながらゴムの位置をずらします。

❹曲げられた状態です。

B

❶長いゴムで6周巻いて束ねられた状態です。

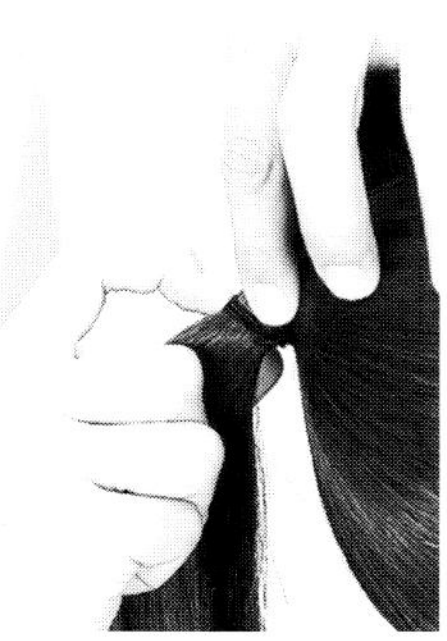

❷ゴム3本分のみ爪で引っかけ、曲げたい方とは逆側の部分をずらします。

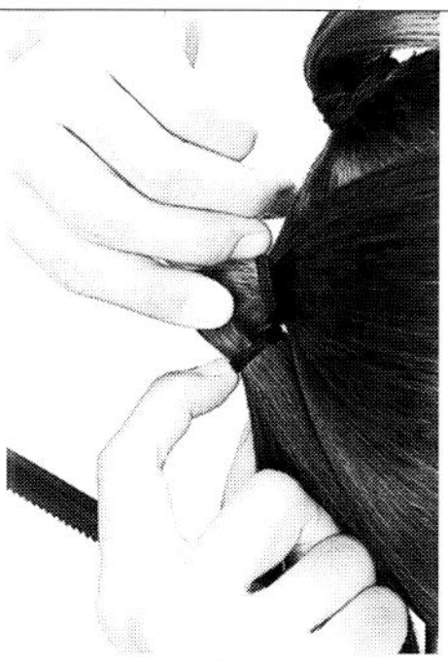

❸引っかけた指とは逆側の親指と人差し指で、根元部分をしっかりつかみながら、毛束をずらします。

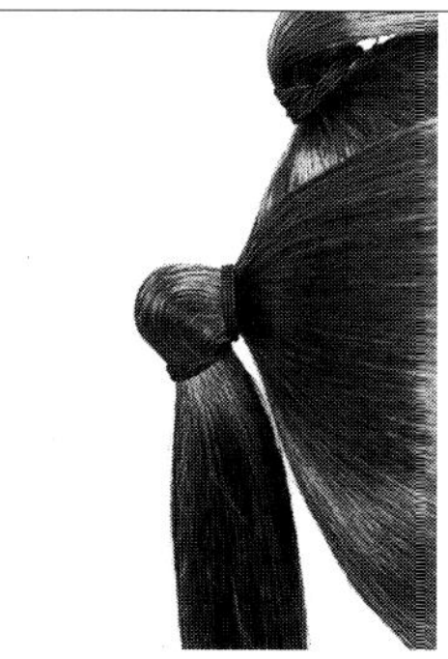

❹曲げられた状態です。

ウイッグの抜け止め

ウイッグで練習をする際に、困ってしまうことの一つに土台などを作るときに上方向にとかしつけた際、クランプから抜けてしまうことがあります。ここでは、身近な道具を使用し、とめはずしが簡単に行なわれる方法を参考までに紹介します。※ウイッグの種類により、この方法が適用できない場合もあります。

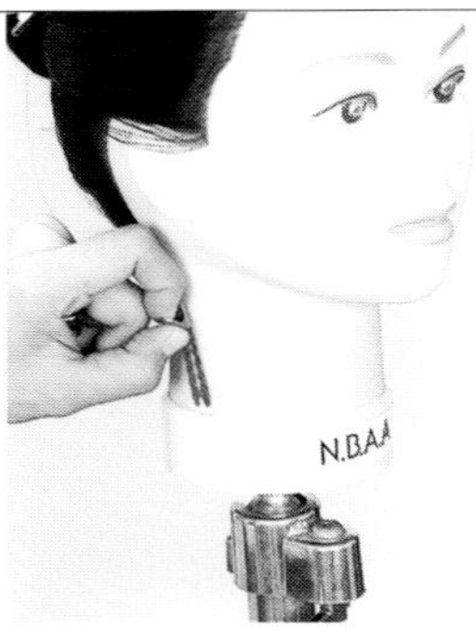

❶ウイッグの首の台の溝の部分に、ダブルピンを差し込みます。

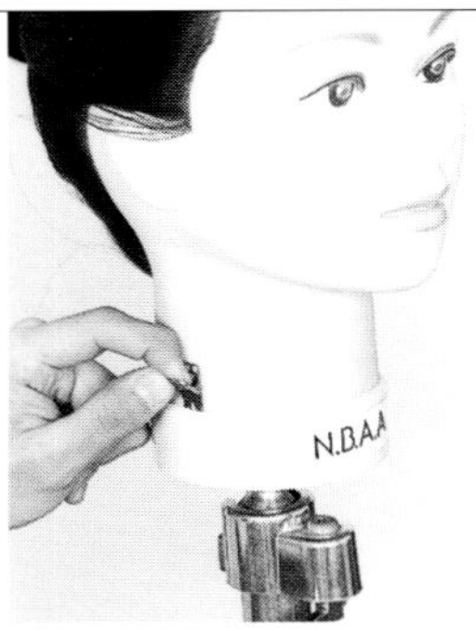

❷しっかりと奥まで入れます。

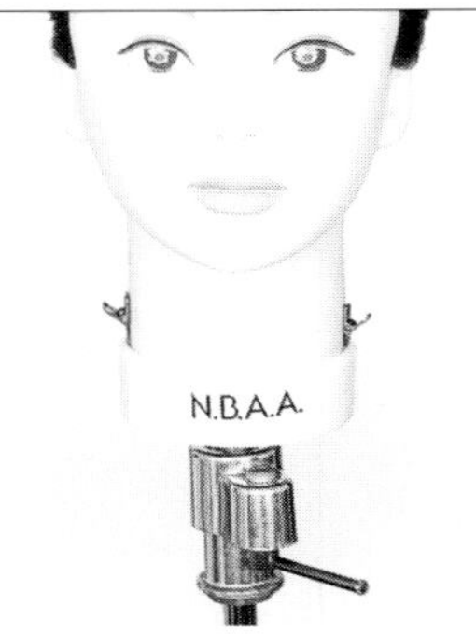

❸ 両サイド奥まで入れ込まれた状態です。

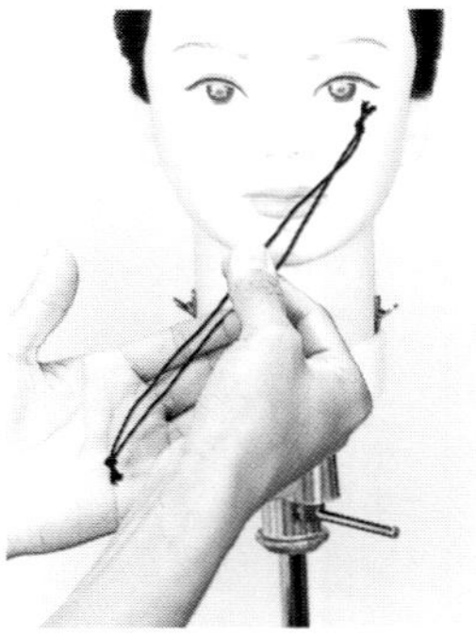
❹ 黒ゴムの両端を結びます。

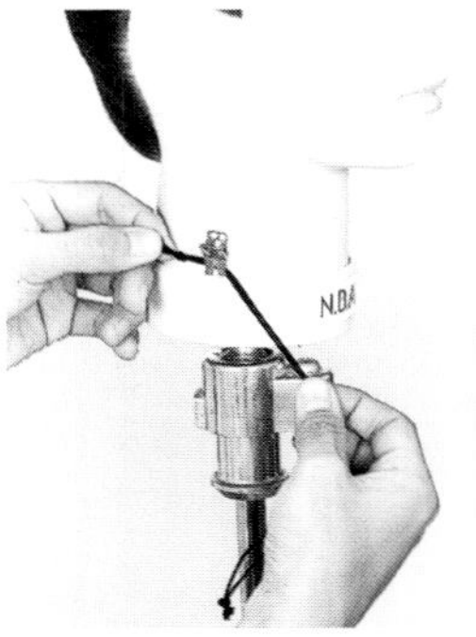
❺ その黒ゴムをダブルピンの内側に2本とも入れ込みます。

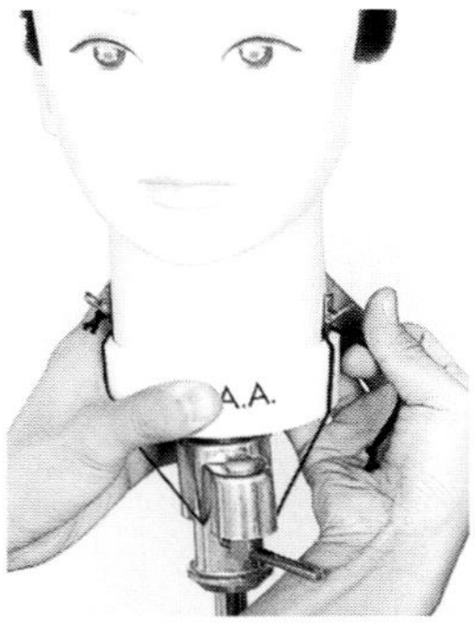
❻ レバーの下側を通し、逆側のダブルピンの内側にゴムを入れ込みます。

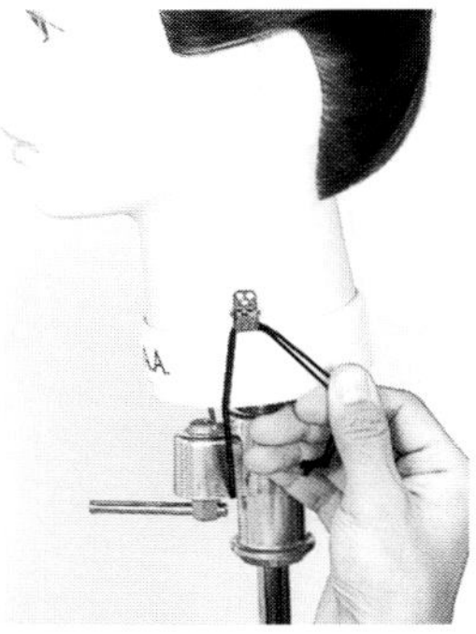
❼ 横から見たところです。

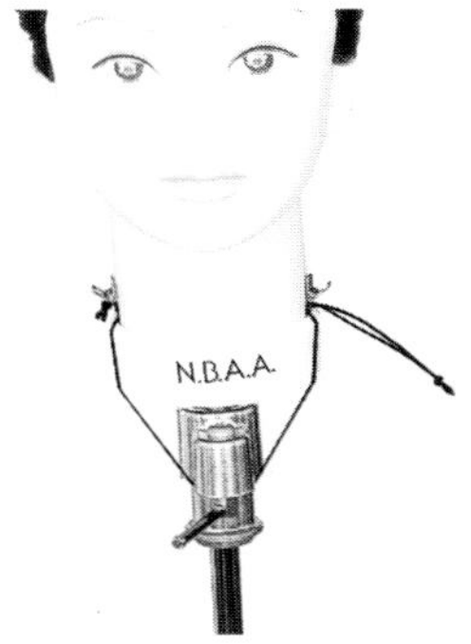

❽ このようにするとしっかりととまり、外すときはその余ったゴムを持ち、片側だけ外します。

クランプ

いろいろなクランプがありますますが、差し込み部分が広がって押さえつける構造になっているものもあります。

美容用語

アシンメトリー
非対称
アバンギャルド
既成の通念を否定した前衛的表現
イレギュラー
不規則
インパクト
影響力・効果
オフ・バックコーム
逆毛を取る
クール
理知的・冷静・さめた・いかした
クオリティー
質
グロスフィッティングワックス
つやが出て滑らないワックス・水性ハードポマードのような感じ
コームシェーピング
コームの櫛歯で形づける
コントラスト
対象・対比・明るさの比
シェーヴ
削る
シェーピング
形づける
シェープ
形・形状・かっこう・姿
シック
粋な・しゃれた・どちらかといえば落ち着き系のセンス
シニヨン
髻・まげ
シルエット
輪郭線・影絵・フランスの政治家の名から由来
シンメトリー
左右の対称・釣り合い・均整
スクラブ
擦る
スリーク
つやのある・なめらか
ソフト
やわらかい
ツイストアップ
ひねり上げ
ディテール
細部・細かい面・詳細
テールアップ
コームのテールを毛面の裏に入れボリュームを出す
テールシェーピング
コームのテールで形づける
デフォルメ
形を変形させる・歪形
テンション
伸張・張力・ピンと張りのある状態
ドライファイバークリーム
繊維の入ったモノ・クリーム

用具

スタイリングする上で、用具は必要不可欠です。その用具の持つ特性をいかに理解するかによって、仕上がりのクオリティに差がつきます。優れた用具がなければ、恐らくこの本の仕上がりはありえません。用具の選定は、自分の手の延長として、自由に使いこなせることと、手や指にフィットし確実に手のひら、指先に髪１本１本の感触が伝わる一方で、自分の想いがそこに反映されていくことが大切です。良いウイッグや用具を使うことが、上達への最大の近道になることはいうまでもありません。

フィニッシング・ブラシ

髪の表面をとかし込み、面を整えるブラシです。ブラシの毛束を広げることにより、髪への入り込み深度が浅くなります。そのことで、とかされる毛束のテンションをコントロールすることができます。とかす角度を変えることにより、毛束を広げたり集めたりします。

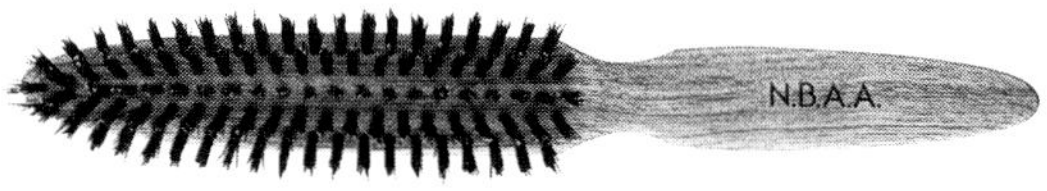

ブラッシング・ブラシ

毛束をしっかりととかしたり、地肌からとかすときには、ブラッシング・ブラシを使用します。ここで使用したブラッシング・ブラシは、毛面の長いものです。これを使用すると、多くの毛束や幅広い面をしっかりとかしこむことができます。毛束をとかす場合には、内側のテンションと外側のテンションを均一にとかし込む必要があります。そういうときは、特にブラッシング・ブラシが最適です。

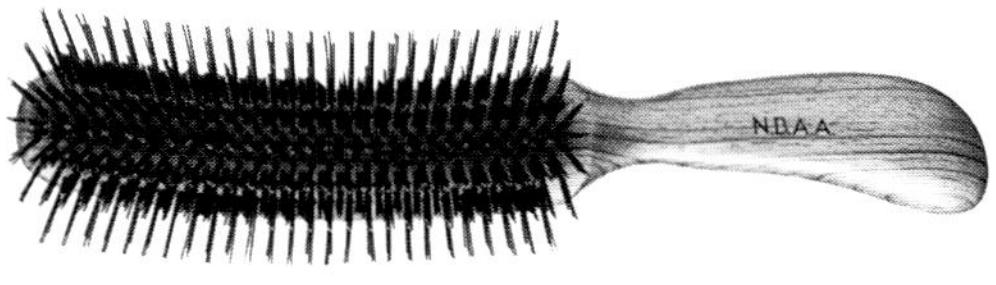

ブロー・クッション・ブラシ

地肌に対してソフトな当たりで、毛束をつかむことができるクッション・ブラシは万能です。やや小さめのクッション・ブラシは主に、仕込みのブローで使用しています。機能的には、デンマン・ブラシとスケルトン・ブラシとロール・ブラシとブラッシング・ブラシ４つの特徴をあわせ持っています。ブロー・クッション・ブラシを上手に使いこなせると、スタイリングの幅はさらに広がります。

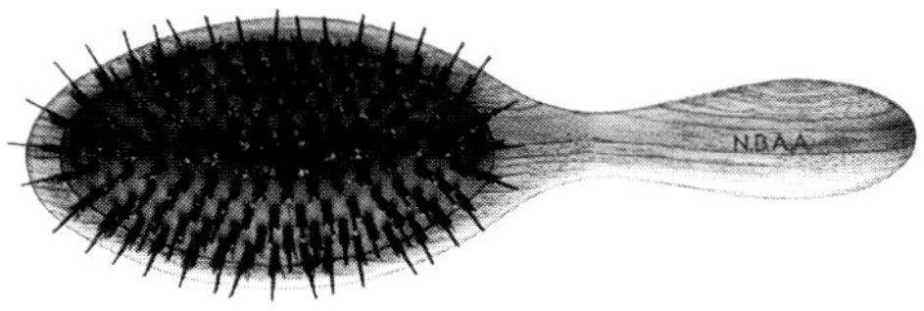

Sコーム

ここで使用したコームは、櫛歯の根元にリーダーが無いスクエア・カットで、厚みのある櫛歯を持った硬いものです。テールは長く、ウイッグでのスタイリングでは、使用前に自分で先を細く削っています。逆毛の立つ感触が、指の腹に伝わるほど精細に作られています。

Mコーム

オーソドックスにとかしたりホットカーラーを巻く上では、このくらいの櫛目のコームが非常に使いやすく仕事に向いています。毛流れの面が、ややラフではありながらも、自然に仕上げてくれます。

Lコーム

粗歯で大きめのコームは、ラフな仕事やルーズテイストの味を出すのに非常に優れています。粗歯ならではの逆毛やズレが、やわらかい表情やモード性の高い質感を作ってくれます。

ナチュラル
自然･違和感のない
ハーモニー
調和
ピニング
ピンを止める･打つ
フィーリング
感覚･触覚･感じ･印象
フェミニン
女性的
フォルム
型･形状･形･姿･外観･人影･物影
プッシング
押し出す
ブローッスィング
ブラシを使用しながら、ハンドドライヤーでスタイルを作るテクニック、いわゆるブロー
フローライン
流れの線
フロントビュー
正面から見た状態
ポンパドール
前髪を上げて額を出し全体に膨らみを持たせ後でまとめたデザイン･フランスのルイ15世の愛人ポンパドール侯爵夫人の髪型から
ミニマム
最小
ムーブメント
動き･運動
ライズ･ライジング
表面に浮く･浮かせる
ラフ
無造作
ランダム
無作為･手当たり次第･(アト･ランダム)
ルーズテイスト
ゆるい感じ
ループ状
輪･弧･環
レギュラリー
規則的
ローブ･デコルテ
女性の夜用正式礼服･男性の燕尾服に相当する･背や胸が見えるように襟ぐりを大きく刳った袖なしのドレス･日本でも1886年宮中の礼服として採用

瞬間に感じる DESIGN 9

僕が好きなのは幸せな笑顔のある瞬間。

それはもって生れたＤＮＡが、
悲しみとか苦しみとか、体験や境遇、
など様々な経験によって築き上げられ、

心が、体が、喜びを感じ、顔や体に表れる瞬間。

オーラがそれぞれ違い、その時々によってまた違う瞬間がある。

人のＰＵＲＥな瞬間が見たい・・・

そして更に新しい瞬間を追い求めて・・・

BEAUTY

人は心を持って人の心を感じ、自身の目、声、体で表現する。
表現は時に、潜在する意識の中で常に溢れ、流れ出る。
はかりしれない魂の叫びや、考える間も与えず、心が表面に現れる。
それはＤＮＡの表現する肉体の質感、動き、表情・・・
そこに含まれる　たとえば感情や、欲望。

容(かたち)は、シンプルになれば必ずしも美しいはずもない。
何故ならば、様々な心は乱れ　そしてまた洗練されるからだ。
時の表現に頂点はないが、
瞬間、瞬間に感じる頂点のような美を感じざるをえない。
だからスタイルやバランスは生きているのだろう。
どの瞬間がキレイだろうか？　と感じる感覚もまた然り。

人は誰のために美しさを追い求めるのか。
はたして美しさを感じる心は美しいのだろうか。
美しいと感じた後も、また更に美しいのだろうか。
新しい美しさを感じたとき、古い美しさはどこへ行くのか。

やはり美しさとは、心が創りだす　心の表現なのだろう。

ならば常に美しくあり続けるには、
また、それをプロフェッショナルとして
創り続けるにはどうしたらいいのか。

それは自身の心を豊かに洗練させ、ニュートラルな状態を作り、
自然の摂理や生体や感情のバランスを意識し、
更に物質の持つ『精』を感じ取る心を持つこと。
創造するときのそれは　コンセントレーション(集中力)と、
心と物質のインタラクティブ(双方向)な関係に対し、
様々な特性をつかみ、
コントロールするテクニックを身につけるところから
始まるのだろうか。

しかしながら、美しさは尊く、しかも永遠だ。

いずれにせよ、容(かたち)を創れることの幸せ。
容を創れなければいけない責任。それはプロフェッショナルの使命。

人間性や精神力、美的インテリジェンスだけでは容とならず、
鍛錬と研究と日々の継続・・・
技をも必要とする美容はまさに『心・技・体』である。

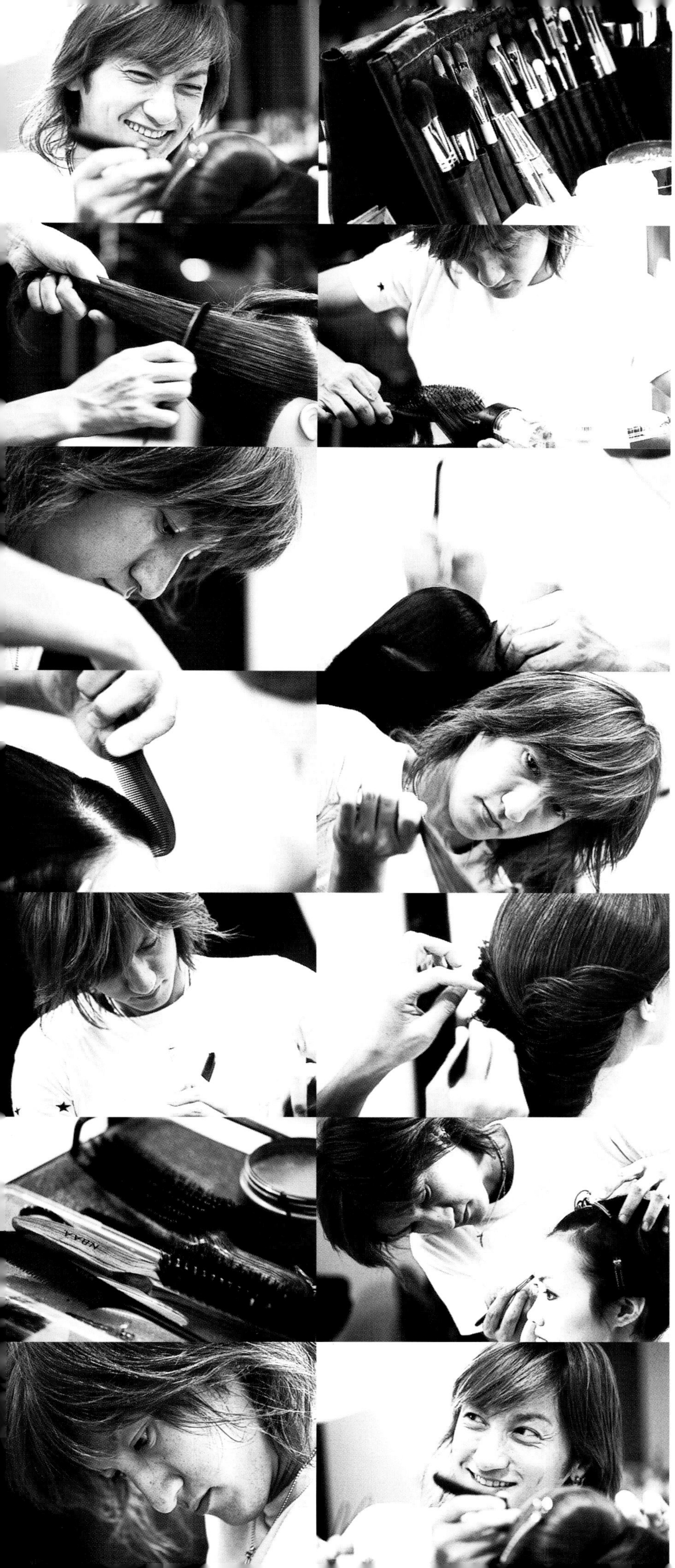

新井唯夫（あらい・ただお）

1965年3月17日、東京・浅草生まれ。O型。浅草高等美容学校卒業。
FÉERIE代表
株式会社 アライタダオエクセレンス 代表取締役
株式会社 ジェニュイン 代表取締役
美容研究 全国新井会 会長

1986年 2月 1日 紳ノ丈美容室を引継ぎ全国講習活動開始
1991年 9月17日 有限会社ドレッサー・オブ・ヘアー設立
1992年 8月 5日 東京都中央区勝どきに、DRESSER of HAIRオープン。
1993年10月 1日 美容研究 全国新井会会長に就任。
1997年 4月23日 東京都中央区佃に、FÉERIEオープン。
1997年 1月20日 N.B.A.A.ブランド設立。
1998年 2月 4日 株式会社アライタダオエクセレンスに登記及び名称変更。
1998年 2月 9日 株式会社ジェニュイン設立
1998年 4月 3日 新美容出版株式会社より
アップスタイルの単行本「Up Styling」を出版。
1999年 8月 8日 DRESSER of HAIRをFÉERIE kachidokiに改名
2001年 2月 9日 東京都中央区佃に、FÉERIE tsukuda est オープン。
2001年 6月18日 全国人気投票№1にてドリームステージに出演。
2001年 9月26日 新美容出版株式会社より
アップスタイルの単行本「Up Styling II」を出版。
2003年 2月11日 東京都中央区銀座に、FÉERIE GINZA オープン。

毎年全国各地でヘアーショー(2003年度全国40回予定)や
年間350回の実地講習をプロデュース。
毎年90回の出演をこなし、過去の講習回数は1000回を越える。
二つの会社を経営する傍ら、
サロンワーク、業界誌・一般誌の撮影、ビデオ・DVD(9本)の出版。
各テレビ番組に美容界のプリンスとして出演多数。
その他広告・CF等 ヘアメイク・メーカー商品のプロデュースなど超多忙を極める。
また、カメラの腕はプロ級など幅広い感性を持ち、
ヘアスタイルのデッサン画が人気。
趣味はフィッシング、サーフィン、モーターボート(一級船舶海技免状 所持)。
http://www.tadaoarai.comも好評。

美容研究全国新井会は全国各地区70ヶ所にて開催。
講師54名(毎年更新2003年現在)、会員及び受講生多数。
祖母は日本髪結・徳之家五代目、新井まつ。
父はロングヘアの達人といわれた新井紳ノ丈。
叔母に全日本美容講師会・着付最高師範、新井米子。
外祖母に長野県にて現役で活躍。
父系、母系ともに三代目の美容師。

THANKS

決められた時期や、時の中で、一度に体が感じた数多くのイマジネーションをクリエーションすることはとても難しいことでした。
自分の力を信じ、研ぎ澄まして、聞こえることや、見えることをつかもうとしても、つかめない。
「何でうまくいかないんだー。」の連続。

スタジオにはバッハのG線上のアリアやオペラが流れる･･･。
心を落ち着かせ、もう一度。　創ったところを壊したときもある。

自分のペースに全員が合わせてくれている･･･。
周りのスタッフの温かい気遣い。更にはそれを気づかせない配慮を受け、熱い想いを感じた。
更に頑張れと、自分に言い聞かせるが、ファイナルイメージが湧かない時間との戦いもある。
でも、諦めはしたくない･･･。
必ず綺麗を見つけて創ってあげるからと思いを込めて、更に想像力を膨らませ創作しました。

今回も勉強になったことは数多く、結果や回りのことを考え、自分をコントロールすることもいいデザインを創作することにつながるんだということを感じさせられました。

最後になりますが、この本を制作するにあたり、自分以上に作品に集中していただき、写真に収めていただいたカメラマンの池田忠男氏、熱い想いがとても嬉しく感じました。また、著者の気持ちを最大限にと常に最高の環境を整えていただいた高橋正俊編集長。そしてメイクのアシスタントでベースを作ってくださった奥田昌敏氏と田中涼子氏。表紙や紙面のデザインの土屋直久氏、いつも応援してくださる新美容出版株式会社 長尾明美社長。モデルさん。皆さんのお陰で、気兼ねなく創作できましたことを心より深く感謝申し上げます。ありがとうございました。
そしてこの本は、いつも僕を支えてくれている最愛の家族とスタッフの一人一人の心が創ったと思っています。

新井唯夫

制作協力　アートディレクター／土屋直久(丸屋)
和装・洋装スタイリング／新井浩子(FÉERIE)
メイクアップアシスト／田中涼子・奥田昌敏
(トニータナカビューティースクール)
アシスタント／伊藤博和・草野美恵・村田雅宏
渡部政幸・小山 香・東久保正一・小野公章・高畑克己
高橋 亘・竹田直哉・吉野健士・中尾吉臣・畑田芙未子
岸脇祐子・羽鳥飛鳥・野口智子・江田麻美
毛利奈緒子・若山由美子・久保一三・高瀬美喜子・
村上昌文・野呂美由希・黒川奈美・伊藤 司
(全てFÉERIE)
事務／英(株式会社アライタダオエクセレンス)

ウィッグ・用具　N.B.A.A.
株式会社ジェニュイン
〒104-0051 東京都中央区佃3-2-10オーケンビル5F
Tel 03-5560-8862　Fax 03-5560-8867

衣装　ドレス、着物、TADAO ARAI 他、私物
株式会社アライタダオエクセレンス
〒104-0051 東京都中央区佃3-2-10オーケンビル5F
Tel 03-5560-8865　Fax 03-5560-8867

Up Styling Ⅱ
定価:6,510円(本体6,200円)検印省略
2001年9月26日 第1刷発行
2013年2月14日 第9刷発行

著　者:新井唯夫
発行者:長尾明美
発行所:新美容出版株式会社©
〒106-0031 東京都港区西麻布1-11-12
編集部:TEL.03-5770-7021　FAX.03-5770-1202
販売部:TEL.03-5770-1201　FAX.03-5770-1228
振替:00170-1-50321
印刷・製本:凸版印刷株式会社
Printed in Japan